小田健三

瀬戸際に生きた男

文芸社

目次

家族の風景

Ⅰ　誕生

昭和六年十一月一日。私が戸籍を市役所に記載された日となっている。私は昭和の初期、中期、後期を生きて来た。その三つの時期は昭和二十年八月十五日という、それまでの日本では、あるいは、これからの日本でも考えられない特別な時期をはさんで成り立っている。

私は、この移行期の真っ只中にはさみこまれた、その生きた体験を通して、今後の日本がどう変わって行くか見ていきたいと思う。

現代の日本の移り変わりは早いようではあるが、実は敗戦当時に比べると天と地の相違がある。私はこの七十年間の日本をもう一度たしかめる意味もあり、遠くて近い過去を、追憶を、とり戻しながら、本当にあった事のみを書きのべてみたい。

私が、断片的ではあるが物心ついたのは、四歳頃だろう。当時は数え年だから、今でいう満年齢に直すと三歳ぐらいかも知れない。だが「三つ子の魂百まで」という譬《たとえ》もあるように、ある特別なことがらについてはよく覚えている。

私の生まれた直方市は当時は活気のある新興都市の一つであった。

父は当時四十四歳、母四十二歳の時である。私の父はこの市の小さな町に体一つでやって来たのである。総勢八人の家族を引きつれての大移動である。それにもう一人、私が母のおなかに宿っていたのである。

そして一年後、私は誕生し、親子九人は、たった二間、八畳と八畳の部屋で重なり合いひしめき合って寝ていたのである。家は借家、その上棟続きの長屋であって、そのうちでは一番広い家だった。ここで父は最後の仕事をみつけて九人の生活を支えたわけである。

だが余りの家族の多さに、長姉（二十二歳）は父の伝《つて》を頼って京都の織物工場に行くこととなる。長兄（十八歳）は隣町の大きな果物店に奉公に出ていて、その家の娘とできて、子が宿り、養子云々という話の最中に雲隠れするといった、当時としては全く破廉恥なことをしてしまった。昔はこんな事件は極くまれであった。だからこういうことは秘密に処理され、娘は地方に行って子を産み落とすか、それとも極く内密に危い所で処理されるような時代であった。

2　祖父

父は熊本市でも歴代続いた大地主のただひとりの跡取り息子として生をうけ、幼少のころはとても大事に育てられたという。誕生の地は「小田の堤」と呼ばれる大きな土手のあった所だが、今はその土手も内側の池もなく、住宅が立ち並び町名も新しくなり、その面影さえ失われてしまっている。

父が五歳の時、私の父の父「祖父」にあたる人が亡くなっている。三十五歳の若さで肺結核だったらしい。肺結核は当時は治す方法もなく、充分栄養をとりただ寝て死ぬのを待つと言われていた病だったそうだ。勿論、私達子供七人は祖父の顔も見た事はない。

当時父の母（祖母）は四ケ月になる子を身ごもっていた。不幸は続く。幾重にも続く。祖母の父は西浄寺というお寺の住職であったが、やはり頼りにしていた一人息子を二十八歳で失くした。その一年後、祖母はやむをえず、六歳の息子（私の父）を残して、父の妹をつれて一時的に実家の寺（西浄寺）を継ぐために帰り、家族は別れ別れにならざるを得なかったらしい。

しかし、これは父から聞いた話ではなく、のちのち叔母（その時の妹）から聞いただけで、父はこの話には一言も触れたことはない。

六歳になっていた父は、親戚一同が集まっていろいろ話があった末、祖父の弟が後見人となって祖父の家へ引越して来ることとなった。父は大きな家の主ではあるが満十八歳になるまで叔父夫婦とこの家で暮らすことになる。両親代りの叔父夫婦には子供はなく、この昔風の人は監督という重責があるためか、かなり厳しく、父は苦労したらしい。

父が十八歳を迎えた時、後見人の務めを果たした叔父夫婦は、すべての財産をそっくり父に渡し、自分の実家へ帰って行ったという。律義な人であった。

3 天国と地獄

父はすべての面で解放されたわけである。自分の思うように事は調子よく運んだ。いろいろな仕事に手を出し、それがうまくいった。二十二歳で盛大な結婚式をあげ、三日間も続いて祝宴が開かれたらしい。

手に入れたあり余る土地。その土地の一部は当時外国人宣教師の探し求めていた土地に最適であったらしく、高値で取り引きされ、今は熊本女学院が建っている。

膨大《ぼうだい》な財産、土地と莫大な現金。こんな金持にはいろいろな人が集まるものである。知人はおろか、知らない人まで、あれよあれよと集まってくる。それをもかまわず祝宴酒宴、毎日のように芸者は人力車で押しかけ、飲めや歌えの人生を謳歌する日が続いたらしい。

父は子宝にも恵まれ、それも、ちゃんと三年ごとの区切りをつけているのも不思議である。そして、皆十一月から三月までの期間に生まれている。

長女、長男、次女、次男、三女、四女、と三年毎に産み落とす母の力も大したものだ。

長女は男のように育てたらしい。馬にまたがって荒野をかけめぐっていたらしい。

長男は乳母に甘やかされて育った。子供の頃はとても可愛らしくて人見知りをしない、いい子だったという。

次女は着実な性格で、その頃から弟や妹の世話をする優等生でもあったらしい。

次男は本当に心の優しい子で、紙と筆を与えていれば一日中でも絵を描いていたという。

三女は気が強くて時には兄をいじめたり、何でも自分でやる男のような子だったらしい。

これまで生まれていた子供達は計五名。そしてその後五人の運命は、次の地獄への階段を一歩一歩と下りることとなるのであった。

集まってくる人達の中には立派な人もいれば、くずのような手に負えない人もいる。そのくずみたいな人の親切めいた言葉に、私の父はだまされたのであった。

何も知らない田舎の実業家は、とんでもない仕打ちが待っている事も知らないで、その人をすっかり信じこんでしまった。

集まりに顔を出す紳士の中にある大学で講師をしている「先生」がいて、皆の評判も良く、物識りである上に時々儲け話をもってきては、それが当たるや何やで、「流石《さすが》は先生」、といわれる如才なさを発揮していた。

この「先生」のすすめで、当時の金のある数人が保険という大事業をおこそうという話がもち上がった。当時、保険会社といえば日本に数えるほどしかなく、その設立が決まったら大変な儲け仕事になると考えられた。その設立人の主役の一人に抜擢されたのだから大変な名誉であった。疑うことすら知らない人達はこの会社設立のために全財産を投げ込み、田地家屋まで担保として保証人を買って出たのである。

これが、その人達の破綻の始まりであろうとは誰も気づかなかった。

「先生」は金を持ったまま、朝鮮へ逃げた。その後、父を含めて彼の行方を遠く朝鮮まで追ったが、その後の消息は判らぬままになってしまった。

朝鮮では父の妹婿も当時警察に勤めてかなりの地位があったので、八方手をつくして探してもらったそうだが、結局は判らずじまいだったのだ。

それでもまだ信用が残っているうちは、いろいろと商売の品々を朝鮮に送ったり、ある時は、日本の猪の肉でひと儲けをしようと朝鮮に向けて大量に船積みしたらしいが、途中で大しけにあい、着いた時は猪の肉が腐敗して目も当てられない状態だったとかで、とんだ所で大損をしてしまう。また熊本で長年やらせていた米問屋も、主人がいない間に番頭がいい加減な経営をやっていて遂には店も手放す結果となる。この数年間の死にもの狂いの働きの甲斐もなく、運命の神は決定的な「否」の判決を下したのだった。

なお、更に悪い事か、それとも良い事か、ちょうど三年ぶりの子を母は身ごもっている最中であった。勿論当時のお腹の中の四女は何も知らないし、もちろん私とて知る由もない。

第四女はこうして生まれ、そして今まで自分の兄姉のように貧乏の苦労も知らずに生を受け育てられたのとは異なり、貧乏は当たり前の生活であったから、かえって幸せな気持でいられたのだった。

熊本市を転々としながら、それでも父の生産力は私という三男をつくってくれたのだと思うと、「父よあなたは強かった」と、今更ながら驚きの色をかくせない。

父は、こんな絶望的人生を送り続けるさなか、四女から三年目の私の生命をきちんとつくってきたのだ。父にも負けず私を産んでくれた母にも感謝したいと思っている。

一家八人の長《おさ》である父は、過去のすべてを捨てて、最後の子供を産ませるために、この福岡という新天地に向かったのである。だから私は他人に出生地は福岡、仕込地は熊本だと答える。

昨日は天国のような世界に身を置き、今日はこれ以上落ちるところのない零落の世界にとじ込められても、自分達は「生きる」という世界に前進したのだから、父も母も、それに続く兄姉達も偉いと思う。

わずかに残っていた母の資産も整理して、父について来た母も偉い人だったと思う。わずかな事で離婚さわぎになる平成の人達のことを思うと尚更である。明治生まれの人の考え方とは、それは異なる場合が多いだろうが、平成の人は、もうすこし考えて、努力するところは努力して、それから別れるならば別れればよいのではないかと思ったりする。

私は生まれた。初めての難産だったらしい。産婆さんが袋子と言ったらしい。この子は、「生と死の瀬戸際に生まれた」と。

私が物心ついた三、四歳の頃、父は実に頼もしかった。すこし怖い存在でもあった。母は、体の弱いやせっぽっちの私を偏愛したのだった。父は母の手を離れた四女をそれとなく気遣っていたようだ。

私のまわりの長屋の人達は、今考えると貧乏人の集まりに見えるようだが、誰の子にでも優しく思いやりがあふれていた。時にはこっぴどく叱られた。時には我が子と同じく可愛がられ、他人の子供にも同等の権利と義務を感じていたようだった。だから子供の頃は一度も淋しい思をした事はない。

長屋の住人同士では、米、麦の貸借はあたり前の如く、ちょっと味噌が、しょう油がと言って、足りない時はお互いに遠慮はいらずに持って行ったり来たりした。たとえ、向こうが返さなくても、また返せなくても、親切さは変わらない。子供の眼からはうるさい人、やさしい人と言われる人達も隣人であり、決してつけ足しの親切さではなかった。

私のすぐ上の姉は四女である。計画通りに生まれたとすれば女でなく三男であり、私が四女ということになる。そればかりは父と母の計算が狂ったらしい。

四姉が物心ついた時は、もう熊本のどこか知れないボロボロの家だったろう。そして、その間、父が職を求めて転々とする八人の大世帯。

そういう貧乏を生まれた時から知っていて、それが身上と思っているので性格は非常に明るく何も気にしない、おっとりとした性分であった。

しかし他の姉兄達のように贅沢に暮らした経験がある者たちにとっては、たまったものではなかっただろう。金持ちから、その日も食えぬ貧乏人に追いつめられたのだから本当に辛い毎日だったろうと思うと、よくもまあ、誰一人欠ける事なく生き残ることができたものだと不思議な思いがする。

当時の私の家族を総ざらいしてみると、私が四歳、四姉が七歳、三姉が十歳、二兄が十三歳、二姉が十六歳、長兄が十九歳、そして長姉が二十二歳という家族構成で親子合わせて総勢九人の大世帯であった。

三つ違いの四姉と私は特に仲が良かった。時には子供らしい喧嘩はするが、いつも一緒に遊んでいた。三姉と三兄とは年齢も離れているし、三姉は並外れた体格で喧嘩の相手ではない。当時市で育成しているバレーボールのチームにスカウトされて、それに熱中していた。二兄はこれまであっちこっちの学校に転校の憂き目にあっていて方言をののしられたからか、それとも本来、口がかたかったのか、いつ見ても絵筆と共にあった。それは、上にいる兄姉からも下にいる私達からも、つい、はみ出してしまっていたせいかも知れない。

やがて長姉と長兄は狭い我が家を出て行き、今度は一番上になった二姉が私達二人の面倒をみることになった訳である。二姉は高等女学校へ行くかたわら、食事万端をまかせられても文句一つ言う人ではなかった。

私が兄姉の中でただ一人「ねえちゃん」と呼ぶ二姉は学校へ通っているので昼は誰もいない。お昼は長屋のオカミさんが食べに来いと、さそってくれる。どこにも子供はたくさん居て、一人ぐらい増えてもかまわなかった。

夕方になる。ねえちゃんが帰ってくる。親にあずかった五十銭もって買物に行って帰ってくる。そして一銭か二銭をこっそりと渡してくれる。

四姉もそれを見ていて私と同様の金額をせしめる。

四姉と二人で仲良く駄菓子屋へ走る。

四姉は歌が上手であった。声はすこしかすれているが、それがかえって良く聞こえた。

「スズメ　メジロ　ロシヤ　ヤバンコク　クロパトキン……」

よくこの歌をうたった。英語の歌だと思った。そう言うと笑われた。その頃まだ英語で歌ってもよい時代であった。それは日本語の歌だったけれど。

4 楽し我が家

私の愛する長屋は道路に面した本当に長い長い家だった。その中でも我が家は一番広く、それが私の自慢だった。木戸は各家庭についてはいるが私の家は道路から見れば一番はしにあり、その横には大溝という幅二メートルの水量豊富な水路がはしり、そこで水は地下に設置された水門に流れこみ四十メートルぐらい離れた国鉄の線路側にもう一本ある大きな溝につながる役目をしていた。

玄関がある、とは言っても土間にすぎない。そこは子供の下駄で一杯になる。土間を通るとまた土間があり、それを抜けると広々とした空地に出られる。

土間の左に八畳間が二つ並び、その奥に小さな荷物を置く部屋がある。その横手に台所があり鍋や釜で煮炊きをする「炊き口」が二つ並んでいるに過ぎない。空き地のかどに共同便所がある。共同便所とは名ばかりで横に裸電球が一つ点いている。それが大、小便をする場所の両方を照らすようになっている。大、小便は勿論くみ取り式である。

風呂は五右衛門風呂が三つばかり並んでいるが一つは使った形跡がない。風呂に入る時に沈める板ぎれもないからだ。

皆が各自で集めてきた風呂わかしの木々が積み上げられている。水はバケツで井戸から運ぶ。井戸はオバサン達のたまり場である。冬は寒いからと、にわかづくりの天上板がたれ下がる。誰もが入ったり入らなかったり。

雨の降る時、雪が降る日は近所の銭湯に行く。人数が多い家は決められた日にだけ銭湯に行く。

たまには子供たちだけで行かせてもらう事がある。歩いて二分、走って一分。

銭湯はいつも一番ぶろだった。子供たちは、皆わくわくして裸になる。番台のオヤジが出て来て、「オシッコすんじゃないよ」と注意して戻る。

だが子供たちは喜んで入って風呂の中でオシッコをする。湯の中でチンチンの先から黄色い線が出ている。そして自然と湯の中で消えてしまう。風呂の湯を変えているのか、変えていないのか判らない。どうでもよい。大きい風呂だ。子供は出たり入ったりして楽しんでいる。

大人が来る時間はだいたい決まって六時からだ。子供達はその前に湯をかきまぜる。大人はゆっくりと風呂を熱くして、気持よさそうに入っている。

時にはウンコも浮いていることもあったらしい。だがこれは絶対子供たちの仕業ではない。年とった爺さんが気がつかないで、ついやったものだと思う。

共同便所には必ず自分の下駄で行くことが常であった。普段は裸足で走り回っているが、便所には、はきものが要る。大便所は、床がすき間と穴だらけ、おまけに汚れて臭くてたまらない。昼間あかるいうちは光が便所の中まで入ってまばゆい。便器は長方形で大きい。上に一枚だけ丈夫な板が斜めにはってある。男の小便が前に飛んでもいいように防いでいた。子供は臭かろうが便器の内側をのぞきたがる。大きすぎる便器に足をすべらせ片方の下駄を落とすこともあった。便所に入ってもろくすっぽ尻もふかないこともあった。ふく紙もない。ないならないで何とかすむものだ。便所の上の方に絵が画いてある。二枚翼の戦闘機だ。立派に見えた。二兄の画いた絵であろう。

小便所は大便所のすぐ横にある。大人が二人並んでもまだ余裕があった。でも子供には無理だった。だから地べたに小便をする。軒下の道路に吸いこまれてゆく。大人はそれを見て「かわいいチンポコだなあ」と笑う。

便は大きな壺の中ですぐ一杯になった。農民が取りに来ては何がしかの野菜を代わりに置いてゆく。便をくみとる農民がくみとってもらう人たちに御礼をする。

今とは考え方の違う時代だった。

最近になって、市はやっと水洗便所を設備するということで水道工事と共に下水工事に手を出した。工事はここ二、三年で終わるというが中々進まない。計画通りに行かないし、水洗にすると、その工事に各家庭の費用負担があるからだ。家の便所を改造すると費用がかかる。施設もまだ完備していない。早くしないと大工さんが儲けられない。左官屋も儲けられない。街の工務店はしまりっぱなしで、もうバタバタとつぶれている。昔から慣れ親しんだ古町商店街も火の車。駅前のパチンコ屋だけ灯がともる。昔は映画館も四軒もあった。人の流れも多かった。今は住宅街になったが不況の波が押しよせ、住宅ローンに追われて形なしである。

父の仕事は今で言う土方の親方であった。古い家を引き倒ししたり、井戸を掘ったりさらったり、新築の家の基礎工事を請負っていた。

子供達には自分のせいで苦労をかけたという気持からか、二兄から下の者まで無理をしてでも学校だけは出来る範囲で行かせてくれた。お蔭で私と四姉は行ける所まで行ったと言える。

仕事休みには、遠賀川に魚とりに連れて行ってくれた。「つっぽ網」といって熊本で若い時に覚えたという漁法だった。網は子供一人ぐらい入る程の大さである。網の目は小魚がかかるように小さく細かい。その片方が水をかき上げる時に便利なように角になっている。網の丸い方を、長い物干し竿みたいな棒の先に丈夫な針金などで固定し、網の両面を竹の竿の小さくしたものでしっかりと固定したものである。網は重くて丈夫なものである。川辺に来ると、なるべく茂みのある所に先端を水中に静かにしずめる。ジャブジャブと音をたてながら重い網を上げる。そのタイミングは絶妙で言葉にはつくせない。

小さな海老や小魚が網にたくさん入っている。ごみを選り分け獲物だけをバケツに放り込む。時には大きな獲物も入る。

とった小魚やえびはごっちゃにして水を少し加えてしょう油で煮ると実に美味である。二時間も場所を変えながら網を上げ下げする。バケツに半分ほどとれると、私はそれを持って意気揚々と家路に急ぐ。父は「つっぽ網」をかつぎながらついて来る。近くの川魚好きの家に配る。その夜は自慢の魚がごった煮になって食卓をかざった。

私は父がこの町に生まれ育ち、そして親方であったことしか知らない。のどかで幸福な一家であった。

私は二姉のほかは誰も「兄さん、姉さん」と呼んだ事はない。皆を名前に「ちゃん」付けで呼んだ。今もそれは変わらない。私が物心ついた頃、母は苦しい父を助けて現場に行ったり何かと仕事に出ることが多かった。その時の一番の年長だった二姉に母を求める心が、二姉をそう呼ばせたのだろう。幼い私は母に代わって私を見てくれる姉を知らず知らずにそう呼ぶくせがついたのだと思う。「ねえちゃん」の呼び方は普通ではないが、年をとった今でもそう呼んでいる。

ずっと後の事ではあるが、京都で結婚した長姉が一度帰った折に、私を養子にしたいと言って母にこっぴどく叱られたそうだ。長姉にどうしても子供が生まれなかったせいでもあった。それほど、姉弟の年の差は開いていたのである。

5 貧乏は当たり前

私は朝から晩まで遊んだ。近くには川、沼があり山野がとめどもなく広がっていた。夕暮が迫ると遊びは中断しなければならない。その時が一番悲しかった。

毎日毎日どこで遊ぼうか迷うほど遊ぶ場所は広がっていた。四姉が学校から帰るまでは禁じられた遊び場に近くの子を誘って出かけた。鉄道線路ごしに山はだが見える。そこにはすべり台になる赤土のむき出した急斜面があった。その先には、明神池という大きなまがりくねった池があり大人の人達が魚を釣っていた。列車の通る時間は毎日見ていておよその見当がつくので線路を渡る。すぐに赤土山のすべり台競争が始まる。着ているズボンや着物にべったり赤土がくっついている。池の浅い所に持って行ってざっと洗えばそれで充分だ。池のそばで遊んだり、すぐ上の林に入って「みそんちょ」というストローベリーのような紫がかった木の実を探す。子供達にとっては、それは美味しくすばらしい木の実だった。

そろそろあきてくる頃、帰らないと叱られる時間になる。帰ろうとすると彼方に石炭を満載した列車が来るのが見える。待っている間に、仲間の一人がさっと線路に走り寄って何かを置く。貨物列車が通過する。そうするとまた線路に走る。さっきそこに置いて来たものが形を変えてすこし離れた所に落ちている。何か判らないがそれは一銭のつぶれたものであることが判る。もう使えはしないがその子にとっては自慢のペシャンコ玉で、それを大事に持って帰る。危い元一銭玉だ。でも次の日は私らは無理してでも一銭を持って来ている。その子と同じことをやる。一銭玉が遠く運ばれて行って失くなったと騒いでいる者もいる。

それが噂になった。あわてたオバサン達が「ふみ切り番」として監視するようになってしまった。

山が駄目なら川があり、それが駄目なら野っ原がある。四季こもごも遊び場に不自由する事はなかった。どこでも三分で行けるのだ。

川では、どろんこになって遊ぶ場所もあれば、川に続く土手下の大きな石の囲いのすき間にはでっかいなまずがいたりして、三、四人がかりで奪い合い、苦戦の末に抱えて持ち帰ることもよくあった。

遠賀川は美しい姿を、いつも見せていた。

雨が降る。雨の日はまた、別の楽しみがあった。小学校から四姉が帰ってくるといつも彼女は私達男の子の遊びに加わった。同級生は近所にいないし雨降りはあまり外へは出たがらないのだ。姉は男の子に見られるような女の子で特に虫が好きだった。その頃の女の子で虫と遊ぶような子はいなかった。雨の降る日は、皆私の家に集まった。

姉はひょこひょこと段をつみ上げて、その上に乗り天井のふたをあけ、虫箱をとり出して皆に見せる。黄金虫やごきぶりや何か知らぬ虫たち。やもりも一匹同居している。黄金虫はもう死んでいて黒く変色している。

裏の流し口の下にはどろにまみれた所にみみずがはっている。それをつまんで泥だんごにまるめて、私たちに投げつけては喜んでいる。

私には雨が降る誰もいない家が恐ろしく広く感じられた。柱時計のカチカチという音がやけに大きく聞こえる。雨はひっきりなしに降る。

私の家の前の、道をはさんだ所に大きな家があった。皆、その辺りの人はその家のことを「お屋敷」と呼んでいた。その家には、私と同じ年の「坊ちゃん」と言われる男の子がいて、とても体の弱い子であった。

その坊ちゃんのいる「お屋敷」へ、雨の日、子供達は押しかけるのだった。

お屋敷には厳《いか》めしい門構えがあり、外は木の塀がずっと四方にめぐらされ、普通の人は立ち入ることさえしない屋敷なのに、雨の日になると横にある小門が開けられて子供が入るようにしてある。中に入ると敷石があり、それを通ると坊ちゃんの遊び部屋がある。私達は夏の暑い日も、冬の凍るような雨の降る日も「雨ふり坊ちゃん」と一緒に遊んだ。奥さんだけが家にいて、子供ながら上品な人だと思うぐらいのやさしい奥さんだった。子供部屋には、はだしに近い子供達でも一緒に上げてくれた。

「いらっしゃい」と坊ちゃんはピョコンと頭を下げて挨拶をする。夏でも短い靴下をはいて、半ズボン、半そでの上衣を着ている。彼は陽に当ると体にぽつぽつが出来るので、なるべく直射日光には当たらないようにしているらしく、色はぬけるように白い。体も病弱そうであまり動くといけないそうである。

汽車、飛行機、自動車と、見た事のないような玩具を出してくる。次から次と出て来る。余程可愛がって育てられた子供なんだろう。

最初は遠慮しているが、子供達はすぐ慣れて、大はしゃぎをする。坊ちゃんも一緒になって楽しんでいる。

やがて、奥さんがお菓子をもって現れる。待ってたとばかり、奥さんが部屋を出ると、はしゃぎ回ってお菓子をほおばる。

近所の集合には来れないまでも、こうして子供を大事にし、近所の子供には特別の計らいをしてくれる奥さんに誰も文句は言わなかった。今でも奥さんの人柄を忘れることはない。そうして笑いのうちに、雨の一日はすぎていった。

私は今、七十年の昔をたどりながら散歩をする。

屋敷はもうすでに取り壊され、新しく建った大きな家がある。あの昔を想い出すたった一本の大きな木が残っている。私の子供時代のほんの一時期ではあるが、この近くに住んで本当によかったと思う。あの長屋もすでに失くなり今は一軒屋が立ち並び、名も知らぬ人達が住んでいる。

隣は郵便局だった。若い奥さんと私より年のずっと下の子がいたと思う。今は郵便局も止めてしまって姿形はそのままに朽ち果てようとしている。大溝はよどんで泥たんが積みかさなり、魚一匹すめないどぶ川と化している。

時代は過ぎさり、先へと進んでいく。しかし私の心の中では、昔の方がずっと豊かだったような気がしてならない。

その後一年生に上がるとき、「坊ちゃん」は私の入った組に名があって、大よろこびをしたことがあった。しかし結局は登校することはなく、どこかに引越したとの事だった。彼のお父さんは「先生」とよばれていたが何の先生だか私達子供は知らなかった。一度も会った事のない先生、そしてあの偉かった先生の奥さん、体が健康でなかったお人よしの坊ちゃん。その後二度と会う事はなかった。

6 姉の病気

ある時、大雨が降り続き、洪水になった。前の道路はまるで川のように流れる濁流となり、家の床下すれすれまで水にひたった。水が引きかけて、ちょうど私達子供のひざ下ぐらいになったので、四姉と私はよろこんで汚水の中に入りジャブジャブと走り廻った。家族は、やっと床下で水が引いたと、総出で家財を片づけたり床下の異物などを整理している。小さい私達には構っていられない。

私達はキャアキャア大声で流れてくるいろいろなものを拾いまわった。汚水は大便も小便も何もかも一緒になって流れているが、子供の私達には関係もない。子供用の靴や下駄。皆片方だけではあるが興味津々の私達はそれを拾って楽しんでいる。

そのうちに、ポカンポカンとリンゴが数個流れているではないか。果物屋からでも流れ出たものだろう。

リンゴなんて貧乏人の私達には中々手に入らない高級な果物だ。二人はそれを拾って汚ないシャツで拭き、皮のまんまむさぼり喰う。甘い、少し酸っぱい味だった。

その夜中、姉が急に発熱した。そして翌朝、腸チフスの疑いで病院に隔離される。生死をさまようこと三日、ようやく五日目ごろから家族の面会がゆるされた。奇蹟的に一命をとりとめ、今もなお元気である。その時の原因があのリンゴか何かは知らない。私の腹は痛まなかったし、何故四姉が急にいなくなったかも知るわけはなかった。ただ、一度死にかけた人は中々死なないという。

姉が入院していた時、母はずっと病院にいた。二姉が私を病院につれて行く事になった。何も知らず見舞いに行った。その時四姉は前とかわらずくりくりとした目で私に微笑みかけた。持前の生命力で退院したが、まわりの人はあんな高熱におかされたのだから頭がおかしくなるのではないかと心配した。でも何ともないどころか、むしろ頭が良くなった。女子専門学校まで出て教職についた。

私は見舞いに行ってみた時、奇麗なベッドに寝て、いろいろな見舞の品が置かれていたのを思い出す。

帰り道、二姉に言ったことを覚えている。

「オレが病気になればよかった」

それは四姉をいとおしくて言った言葉ではなかった。あんなに沢山の見舞品をもらっているのが羨しかったのだった。

7 たった一銭（されど一銭）

四つの頃だった。頭に残るのは一銭である。一円ではない。一銭を母からもらい駄菓子屋にかけ込む。小さな店だが近所の子供がよく集まった。皆一銭か二銭を持って何を買うかまよっている。

一銭十枚集めて十銭。その百倍でやっと一円。今は、一円硬貨が道におちて光っていても誰も拾いはしない。百倍どころか一千倍になっている。それ程「銭」の価値は下がっている。

「銭」は為替相場の折りにだけ使われるものと現代の人は思っている。

昔は一銭は勿論のこと、「五厘」という硬貨まで通用していた。たった一円の、その百分の一である一銭なのにあめ玉が二個買えた。それも子供の口からはみ出しそうなザラメの一ぱいついたあめだった。それを二個くれるのだから子供はそのあめ玉を「五りんだま」と呼んでいた。

この七十年の間、日本人の生活は世界の一流レベルとなり、こんなつまらぬ話はしないで欲しいと思うかも知れないが、幾多の事件があり恐ろしい戦争を経験し、貨幣の価値は変わってきたにせよ、この一銭がもっていた価値をおろそかにしてはいけないと思う。

この一銭で、多くの菓子が買える特別の日があった。古くなった菓子は普通捨ててしまうのだが、この店は或る一定の仕入の時期がくると、古菓子を安く売りさばくのである。ただ同然の古菓子だから虫の喰った跡があったり、ひどいのになると本当に虫がいる。虫菓子はただ同然だから袋に一杯入れてもらって、一銭払えばそれでよい。虫のいる部分は切り取ってある。中には、小さい白い虫もいれば、人によってはごそごそとはい廻る黒い虫がいることがある。しかし子供達はお構いなしに虫のいるものさえ食べる。かびくさい匂いのする菓子だってある。腹がすこしは痛くなる事もあったが、これだけ沢山の菓子を一銭で買えるので菓子屋に感謝する。

昔の人間は腹まで強かった。今は衛生局が黙ってはいないだろう。

8 幽霊？

私達のすぐ隣に、町の町会に入らない街があった。子供はユーレイ街と言って近づかない。そこは特殊飲食店と言って、市は何となく黙認していた街だった。敗戦後、何年かしてなくなったが、女郎屋といって、夜の営みを続ける特殊な街だった。

夜になると酔った男達が街中を行き来し、やり手婆さんと言われていた人達が盛んに声をかけては男達を引っ張りこんでいた。

おやじ達や近所のオバサンからは、幽霊が出るから決してあの街には行くなと言い聞かされていた。駅や古町というにぎやかな町へ行く時も、遠廻りしてつれて行かれていた。

ある昼前のこと、誰もいなくなり、偶然その日は友達もそこのお母さんと外出していた。私は興味半分、怖さ半分で、その街がどういう所か知りたくて出かける事にした。何の事はない。誰もいない静かな街だ。はだか電球が、所どころに消し忘れたのかうすくはかなくついている。

昼間に幽霊が出るわけがない、と思ったとたんに、一軒の家の玄関先の石段にすわった女が目に映った。ひやっとした。でも足がある。

するど若い女は、私の方を向いて声をかけた。

「坊やー、幾つ」

日蔭の若い女ははかなく美しい人だった。ただ何となく淋しそうにも見えた。

「四つ……です」

女の人は着物の袖《そで》からあめ玉を、四個にぎらせてくれた。そして細々とした声で、

「坊や、ここには来ない方がいいよ」と言って玄関へ向かって行った。

私は思った。何も怖い所ではないじゃないか。お菓子も本物だ。何で大人達は行くなと言うんだろう。
二、三日たって、また一人になった時、再び同じ街へ行ってみた。誰もいないひっそりとした街。
きっと、あの時、逢った人は、幽霊にちがいないと思った。かけ足で帰って、誰にもその事は言わなかった。

9 青い光

我が家の隣組に税田さんという老人がいた。たしか六十代の人だったが私にはすごく老人にみえた。どこにいても酒の匂いのする人で、よく私の家に来るのだった。私の父は酒豪であるが決して大きな事は言わない人で、しかも相手の話を聞くのがうまい聞き上手であった。税田さんはもう身内のようになっていて、夕食の時は必ず二合びんを持って来ては長々と自分の息子の話をする。いつも同じような話である。息子さんは国鉄に務めてかなりの地位の人である。その息子が可愛らしくてたまらないようであった。税田さんはやはり国鉄に勤めて、今は退職して好きな暮らしをしているが、奥さんを若い時になくして男手一つで育てて来たのだ。

息子は旧制高等学校まで出してもらって今日の地位を得ているのだった。税田さんは背高のっぽで骨が見えるほどやせている。それでも酒は百葉の長といっては長居をする。そうしているうちに決まって息子の英雄さんが迎えに見える。三十にもなるのに未だ独身である。顔も凛凛しい背の高い人で、こんな人に嫁が来ないのが不思議なくらいだ。税田さんは淋しがり屋で呑んべえだ。だから誰にも好かれるが、あまり同じ事を言うのですぐに人に煙たがられている。

彼の同じ話を「うん、うん」と聞いている父も淋しい時代があったのだ。

その税田さんが急に来なくなった。息子の英雄さんが来て、父の具合が思わしくないので入院したと言う。

税田さんは胃の調子が悪いといつも言っていたが、実は今日で言う胃ガンだったのだろう。病院を転々とし、最後はその当時、費用のかかる大きな病院に入り、手術をした。そうして結局は三ケ月後に帰らぬ人となった。

葬式は立派にすませ近所でも評判になるほどの人も来たりした。

葬式が終わってその翌日の事である。母と私は五右衛門風呂に最後に入っていた。私は、一人では板に足のせをする事が出来ず、体が浮いてしまう。いつも家族の入った最後の湯に母と入るのが常だった。皆の入った風呂に水をたし、下の方から材木をもやし、汚なくなった底板を洗いながらして、その上に母はざんぶりと入る。私は小さい体を母の膝にのせて夜の星空を見上げる。星は数かぎりなく光り、夜空は寒いが、風呂の温かみで気持が良い。天の川、北斗七星も風呂から見える露天風呂だった。

と、その時私の目前で大きな青白い光が見えた。それはひょっとして流れ星だったかも知れないが、私はすぐ「火の玉だ」と叫んだ。母は私のことばに取り合ってくれなかった。私があまり何度も言うので、母は、「狐火かもしれんね」と答えただけだった。

ところがその夜、一大事が起こった。葬式で税田さんの家に泊まっていた大きな叔父さんがふと目を覚ますと、横に寝ていた税田さんの息子、英雄さんがふとんから抜け出していないと言う。

一通の手紙があり、それには、

「お世話になりました。父の所に参ります」

夜はもう昨日ではなく夜明けの時刻をきざんでいる。

突然の一大事で、早朝の隣組は大混乱。皆が集まりそれぞれ二、三人ずつ分かれて探しに出る。母の胸にすがって寝ていた私は、どうしても一緒に行くと言って聞かない。十一月のこの朝は急に冷え込んで真冬のようだった。

母は仕方なく私に厚着をさせて、隣のオバさん連中と下手の道を探すこととなった。

「英雄さーん」と呼び叫ぶ声が遠く近く耳に入る。朝の静けさは一層怖さを増してゆく。下手の道路横にはもう一本の細い道路があり、道路伝いに大溝が流れている。その大溝に沿うようにして国鉄線が走っている。その細い道を一キロぐらい行くと私達の市と隣町に分かれる天神橋という橋がある。その橋は犬鳴川というきれいな川が流れる所に架かっていた。

それに沿った形で国鉄筑豊線の鉄橋があり、そこの手前に人が通過出来る無人踏み切りがあり、その踏み切りの横に人が倒れていると報告があった。

鉄道員が鉄道自殺。誰もが予感はしていたがこんな所で死んでいるとは思わなかった。覚悟の自殺とはいえ、父の代から鉄道で働き、その死場所が鉄道である。あまりにも惨《むご》たらしい自殺であった。

自分の大切なお父さんが病のために長期入院し、実は国鉄の金をそのために遣いこんでいたという話だが、その死場所に国鉄という舞台を選んだ事は、どう考えても腑に落ちない。自殺とはこういうものかと考えさせる事件であった。死に方も哀れで無様な姿である。何にでも好奇心のかたまりの私は、母をふり切り男の人のいるそばまで行った。

胴体は下を向いていた。覚悟の自殺とはいえ上着のすそがぐちゃぐちゃになって、首から下だけである。横の枕木のあたりにころがっている頭は天を仰ぎみる如く片目が開いて、右目の所は大きな傷で血まみれだった。足の部分は切れっ端のようにあちこちに散らばっていた。靴だけは踏み切り手前にちゃんと置かれていた。分断された頭と胴と足や血は数メートル先まで線路のジャリ石のすき間に流れこんでいた。轢いた貨物列車はずっと先に止まっていた。最終の列車であっただろう。乗務員が可哀そうだ。父はまだ現場にいない。母たちはただ遠くで茫然と立ちつくしている。やっと英雄さんの大きな叔父さんと父もかけつけた。大きなバケツのようなものを持って来ている。そして大きな叔父さんの手が血だらけの甥の生首を持ち上げた。私は近くの人の陰にかくれるようにしてそれを見た。したたり落ちるものがあった、血ではなく、脳みその固まりであろう。血で染まった髪の毛をなぜながら、叔父さんの手はガタガタと震えていた。恐さではなく切ないやるせなさを感じたのだろう。大きな体で、泣きじゃくりながらその生首を、ふたのついたようなバケツに収めた。それは恐ろしくおぞましい光景であった。あの絶望的な叔父さんの姿は今でも鮮明に覚えている。

近くの交番からお巡りさんも来たが何も出来なかった。叔父さんはそれが済むと踏み切りの横に立ちつくしたままだった。

「あとは男手だけで」という事でやっと隣組のオバさんと、私達母子はその場を去った。

朝の陽がさして朝もやがたち出した頃まで私の一家はざわめいていた。母にいろいろと聞くが何も答えず、英雄さんが亡くなった事だけ教えていた。

やがて皆は短い眠りをとり、私だけは、急に昨夜のことと「青い光」のことを思い出し一睡も出来なかった。今思えば、あの青く光ったのは星か何かが大きく落ちた光かもしれない。しかし当時の私の心は、あの光は税田英雄さんの魂だと信じたし、その後しばらくは一人で用たしに行けなくなったほど、異常な現象の「青い光」だった。

10　チョコレート

朝六時だった。母が井戸端で洗濯をしている。四、五人ぐらいのオバさんが集まって井戸端会議中のようである。日常茶飯事だろうが今朝はすこし違う。

何か甘ったるい匂いがする。私の母までが口をもごもごさせている。私の直感である。

「何か食べてるの?」

母はちょっと困った顔をした。オバさん達も、急に黙り込んでしまった。

すると、母は、だまって口うつしで私の口に何かを入れてくれた。何かしらグニャリとしたものだった。そして同時に甘い何とも言えないドロッとしたものが口にとけ込んだ。何か知らないが、今まで食べたものの中で、一番美味しいものであった。もっとくれよ、と言ってみたがもうすでにない事は判っていた。こんなに美味しいお菓子なんて生まれて初めてであった。

母は困った顔をした。するとオバさんの一人が口を開いた。

「これは大人しか食べちゃいけないの、誰にも言ってはいけないよ。子供が食べると小さくなるの」ほかのオバさん達も「そうよ、だれにも言わないで黙っとくのよ」と相槌をうった。

そう言われればその通りかも知れない。大人になったらきっと買おう。

近所の駄菓子屋しか知らない三、四歳の子供は単純と言えば単純である。

ずうっと後になって知った。チョコレート。あれはオバさん連中が、誰かが人にもらったものを、おすそ分けして頬ばったのだろう。そこに早朝私にみつかったので言い訳をしたのだと思う。「大人になったら」と心の奥底に名も知らない菓子をしまい込んだ。

その後、我が帝国日本は戦争、戦乱の荒海の中に突入し、チョコレートなんか口にできない時代が到来した。小学校の何年生か忘れたが分限者（金持ち）の子からチョコレートをもらって食べるまでは、その名も味も忘れていた。

チョコレートを初めて自分で買ったのは十三か十四歳の時だったような気がする。大日本帝国が崩壊して日本国になっていた。それは進駐軍のつまりは米国のチョコレートであって、昔を思わせる甘ったるい感じはしなかった。今日ではどんな菓子屋でも沢山のチョコレートが並んでいる。時折り森永のチョコレートを買う。亡き母のあの口うつしの甘ったるい味にちょっと似ている。

二 家

私の一家は住み慣れた新知町の長屋から越すことになった。父が懸命に働き、そして自分のものとした一軒屋が建ったのだった。

七人の家族と共に故郷を去ってから、幾多の苦しみを乗り越え、男らしい男となって自分の力で建てた家である。勿論私には、ただ自分達の家が建ったのだということで、正直言って父、母のような喜びよりも、友達と遊べないことの方がつらかった。

家は長屋から三分もかからない所にあった。二階建てで他に三軒ばかりの家があるが、みんな離れて建てられており、二階建てはただ一軒であたりにそびえたっていた。

家が建つことは私や四姉には知らされていなかったので来てみてびっくりした。

実はこの家が建つのにはある事実がかくされていたのを後になって知った。

父は仕事師の仲間から信頼されていた。ある仕事師の一人が資金繰りがつかず四苦八苦しているのを見かねて金を貸したと言う。あれほど人にだまされて、と思う人もいるだろうが、父の義侠心からではなくて、本当にその人の真意を見る力がそなわっていたからである。

その人も思った通りの人で、立派に立ち直り、金を返そうとするが父は受け取らない。彼は恩義を感じ、それなら、自分の家を建てる前に、父のために一軒建てることを計画したのだった。本来、「仁義」という言葉は義理人情の世界にあった言葉ではない。仁義は恩義とは異なる。ヒューマニティである。彼はその仁義に応えたのである。こうした人間性のある明治の人はまだ昭和の初めには生きていた。

大した材料は使っていなかったにせよ、それ以後、六十年の長きにわたってもびくともしなかった。たび重なる洪水、地震、台風にも耐え、立派に家としての機能を果たした強い家だった。

私が数年前に新居を建てることにした時、取りこわす事になったが、家の真ん中を通る大黒柱がひときわ大きく、まだ充分に使用に耐える状態であることを知った時、その仕事師の偉さを知らされたのであった。

私は父の偉さとあの仕事師の偉さを思うと、やはり昔の人は実に偉かったなあと思う。目に見えぬ職人魂が吹きこまれていた家だったと今更感じ入るのだった。

長屋から移ったのは知古という所で我孫子町と町名がついていた。千葉県にも我孫子市という市があって同じアビコと読むらしい。

何でその名がついたのかその由来は判らない。そのうち町名が市役所の方で整理されて知古二丁目になった。

今、東京の町名でも古い昔の町の名前で呼ぶ方がよいという運動が起きている。どちらも言い分があろうが、勝手に町名を変更することはよくないと思う。

新しい家は二階建てなので二階の手すりのある所からこの辺り全部が見渡せた。近くに三、四軒の家があるだけで、野原ばかりが続く。東に福智連山、その側面に一級河川の遠賀川。西には数年暮らしたなつかしの長屋。そして北には野原を越えて堀農園があり、桜の花が綿菓子を横にしたように見えて美しい。

北西には幾多の山が延々とつらなり鉄道線路の横にある赤土のすべり台も見えた。我が家は正に全部を見渡せる展望台みたいな所だった。

長屋では大さわぎ。新しい家を建てたのはこの長屋の住人である。長屋の誇りだと大喜びしてくれる。引越しも長屋の連中があっと言う間にすませてくれた（それ程の荷物はない）。子供たちはぎしりぎしりと二階の手すりを動かして、下のオヤジ達に叱られる。二階などに上がったことは初めてだ。坊ちゃんの家でさえ二階は上がれなかったのだから、大はしゃぎであった。

場所が場所だけに土地は極めて安かったようだ。何故かは知らないが、土地は地主が一人でなく、小さく分けてあるようだった。父はそれを買って自分の名義にした。これはあとになって非常によかった。

家のまわりには藪が茂り、何故か判らないが古いポプラの木が一本だけあって、そのまわりに極く小さな池があり、小魚が泳いでいた。そういう荒野に一軒だけポツンとある。まばらに畑はあるものの放ったらかしの荒れ放題。ちょっと出れば広い野原に名も知らぬ野生の花が咲いている。かわいらしい鳥のひな達が陽かげの巣の中から首を出して母鳥を待っている。

ずっと細道が続いた外れに市営グラウンドがあり、そのわきにはプラタナスが並んでいる。

やわらかい小さなクローバの花をつんでは、花輪をつくったり、寝ころんでは空高く舞い上がった目に見えないヒバリの歌う声を聞く。あっちこっちに野生のなでしこが咲いている。母へのおみやげになでしこをつむ。持って帰ってポン水のびんに入れてかざって置く。母はなでしこが花の中で一番好きだ。

あわだち草がたむろしている高台がある。私たちよりも背の高いこの草は秋になるとすぐポキンと折れる。その中に体ごと体当りして窪みをつくり、枝を折って屋根にする。秋の楽しい思い出であった。

初春。土が何らかの理由でむき出しになって盛り上がっている。見ると春の初めというのに青大将が何十匹も重なり合ってグニョグニョと蠢《うごめ》いているではないか。陥落した土が彼等の眠りを覚まし集団の巣から追い出され、力なくはい出し蠢いているのだった。こんなに集団で元気のない青大将は見たことはなかった。

その後数日たって四姉と見に行った。同じ場所には一匹も見当たらなかった。

12　土筆

私と四姉は、この家に来たことによっていろいろな体験をし、またいろいろな変わった世界を知った。毎日のようにあちらこちらと走り廻った。春は特に楽しい季節であった。近くには、使われていない畑があり、そこにはうなるほどの土筆《つくし》が芽を出していた。土筆は芽を出してからは一週間もすればなよなよになり食べてもうまくない。それまでの一週間の命だから、その間にとってしまわないとだめになる。陽かげに芽を出す土筆は長く、見た目はうまそうに見えるが総じてまずい。

土筆とりはのどかな春の日に、土堤まわりの草っ原でとるのが一番たのしい。がしかし、この畑の土筆は全く違う。長年放ったらかした畑に養分が蓄積されていて、他の植物があまりない好条件であるので異常なまでにたくさん、一斉に芽を出していた。一本ずつ取るよりも鎌で切る方が早いというぐらいたくさんの土筆だ。街には春になると土筆籠という丸い籠が並べられている。三色にふち取られているのが売れ筋である。その時代の風情を現すものであった。

土筆をとるのは簡単だが、それをとって帰ってからが大変である。新聞紙を大きく何枚かを並べ、その上に土筆を落とす。土筆には袴といわれる帯状のものが何段かに分かれてついている。土筆を取る時に灰汁《あく》が出て指は真黄色にそまっている。その上、袴までいちいち取るのだから黄色い指は真黒になる。二、三日はその灰汁《あく》は取れない。

それでも七人分の膳に供するためには灰汁を覚悟ではさみとる。袴の多いほど土筆はうまい。捨てたくなるほどの格闘の上やっと取りおえる。

ところがまだ肝心の事が残っている。水で洗って、よごれを落とし、湯をかけて灰汁をすこし落とし、しょう油で煮る。土筆の夕飯は格別であった。

今でも、そのほろ苦い味が忘れられず、春の訪れを待って天候と日数を計算しながら、私は車で千葉や茨城の堤防にとりに行く。道路沿いのあぜ道など、ある所にはまだたくさん生えている。村の女子生徒は怪訝《けげん》な顔をして私に聞く。

「おじさん、それ何にすんの」

「おいしいから食べるんだよ」

「へえーっ東京の人は変わってるよね」

私はかつて、東京の人に土筆の話をした。「有名な旅館などでは、たった二切れぐらいの土筆を皿にもって出す所がある」と。

若い食通の人だった。彼は早速、試したらしい。

「あれ、あの土筆というの、食べられませんね、ギザギザしてて……」

私は彼に肝心なことを言い忘れていた。袴を取ることだった。

春は野ぜり、野びるも手に入る。ところが野ぜりといっても背のひょろひょろの水けの多い場所でとれるせりはどうもうまくない。田んぼの中に、稲の切りかぶのような狭い所に生える、香りも豊かな、くせのあるものがいい。野びるは土手ぎわに生えるのがうまい。球根を食べるのも、茎の青い所をちょっと煮て香りを感じながら食べるのもうまい。

夏になると遠賀川の川蟹《がに》がとれ出す。大きいのは大人の手のひらぐらいある。秋頃には卵を一杯つめたのが更にうまい。周辺には海老、どじょう、うなぎ。それに鮒や鯉もかかり、小魚も沢山とれる。秋には山いも、むかご、山柿、あけび、山栗があり、その上、赤松の林には松茸のとれる秘密の場所も知っていた。

米さえ買えれば、後は自然のもので充分であった。そのときどきの季節のもので間に合ったような気がする。

四姉は学校の方が忙しくなっていた。女子組の副級長になったと聞く。

その頃から何となく私の周囲はやかましくなり始めた。空き地にはだんだんと家が建つようになっていた。

13　変わり行く環境

私の家から道二つへだてた所に工場が建ち始めた。そしてまたたく間にふくれ上がり、私の大好きなすすきや竹やぶまでも刈りとられ、あの、あわだち草の高台までなくなっていった。市営グラウンドまでもが、社員住宅となり、私のあの静かな土地は市の工場団地に指定されたのだった。

子供たちが喧騒から逃れられる唯一の場。それが遠賀川の河原だけになった。毎日やる事がなくなると海老釣りに出かけた。毎日夕食に出るほど沢山釣れた。

海老釣り道具はほとんど現場でまかなった。肥後守《ひごのかみ》というナイフをいつもポケットに入れている。決して忍ばせるのではなく、それは堂々と入れる。これがないと何にも出来ない。このナイフで堤防の竹を切る。短くても長くてもよい。古びた絵の具の入っている鉛の部分が重しである。針だけは釣り具店でまとめて何百本も母が安く仕入れている。海老針は特殊な形をしていて横に長い。母からもらったぬい糸にそれを結びつける。浮かしは必要ではない。餌は台所の流し下にいる赤色をしたみみずだ。竹の竿といっても、十本ぐらいの短いものを揃えて、昔、船つき場として用をたしていた石でつくった台場に置いて廻る。砂場とかにはあまり寄りつかない海老だが、こちらも先方のことはよく知っている。

五分もすると竿の糸がぐんと伸びる。頃を見て、静かに上げて手ごたえがあれば、そこで一気に上げる。ここには海老と人間のタイミングという微妙なかけひきがある。普通の人には判らない。近所の人に教わるのに何日もかかったものだ。毎日、三十匹はかかる。それでも数は減らないから川は不思議な力をもっているものだ。

海老は足が二本出ているのが手長海老である。何故足のことを手と言うのだろう。中に足のない海老もいる。どっちも味に変わりはない。長い足はパキパキと音がして食べても何の味もしないが、やはり釣り主のお膳には手長の大きいのが置いてある。四姉も時々は、ついてくる事もある。自分で一匹ぐらいは釣ってみたいのだが「水上の勘」が判らずいつも逃げられて怒って帰る。よく見ると糸が切れて大事な部分がなくなっている。糸は糸でも本格的なつり糸までは買えない。

ピーンと張ってズーッと手応えを感じて、サーッと上げる。「カツ、カツ、コツッン」という海老のあの感触がたまらなくなつかしい。

みみずは幾らでもいる。畑にいるような黒みがかったり青みがかったりするのは、海老釣りには適していない。

昔は、どこにも流し台があって水は外に流れ出るようになっていた。その下には、ぶよぶよの水がたまって窪みが出来て泥土を掘り返すと赤みを帯びた三センチぐらいのみみずが出てくる。これが海老の大好物だ。そのみみずを半分に指でちぎって針半分にさす。細長い針に入れた所を約三ミリぐらいのこして水に入れる。完全に死んだ餌は海老は食わないようだった。

でも、今は雨ふりなどで、みみずを見ただけで鳥はだがたつ。父の遺伝子があとになって出て来たんだろうか。私の父は豪胆この上なしといった人物であったが、みみずにだけはおかしくなるほど弱かった。私も大人になってから、みみずが嫌でしかたがない。

14 犬ころ

四姉がある日、子犬を拾って来た。とても可愛らしく、コロと名付けて大事に育てた。大きく勇ましい犬となった。

或る時、私はたしか小学校二年の頃だったと思う。近くの文具店へ行くのに、くさりを離れてついて来た。その当時、犬はもう誰も飼うのをやめ、市では条例を出して、犬を殺す役人まで用意するという気の入れ方だった。食料も乏しくなり犬、猫などはもってのほかだという時勢になりつつあった時だった。

西洋紙を二十枚ほど買っていると外でワンと一声ほえた。買い物に時間がかかる。おじいさんが一枚ずつ数えてそれから渡すのである。外へ出てみると犬がいない。大きな袋をのせた自転車の男の影がはしった。西洋紙をばらまきながら「オーイ、オーイ」と呼び声を上げながら追いかける。犬のかなしい泣き声と共にその影は遠くに消えていった。放置犬と見られる犬を、捕獲人は片っ端から捕獲していった。犬の首に細い針金を輪にしてはめて、あっと言う間に捕獲する。私達は彼等のことを「犬殺し」と言って恐れていた。

そういう時はそうしたもので、家には誰もいない。やがて皆揃ったので父の帰りを今か今かと待った。

父が帰って来たのは夜おそくだった。早速、早朝になると役場にかけ合いに行ったが、私の、私たちの愛するコロはすでに彼等の胃の中に収まっていたのだった。その頃、赤犬といって褐色の犬は食べるとおいしいとされていた。牛や豚などは店頭になく、兵隊さんのためにと戦地へ送られているという事になっていた。店頭にあるのはせいぜい鶏の肉ぐらいしかなく肉屋も他に職を求めてほとんど町から消えていた。その頃から物価も上がりインフレという言葉はなかったがそれは家計を圧迫していた。やがて統制がしかれて、犬や猫は飼ってはいけないという時代が到来するのである。

私達小学生の間では、鶏やら兎といった小動物を飼うようなことが流行った。鶏やしゃもを飼うには穀物が多少は要る。学校帰りの土手で麦に似た植物などをつんで喰わせたりした。しゃもは大きくて強い鳥だが、人間をなめると突きかかってきたりした。私はチビなので、しゃもの一羽から馬鹿にされて追い廻されたりした事もあった。庭は広くて塀が外との空間をふさいでいる。誰もいない塀の中に入ると、とたんに攻めてくる。いつも棒を持って兎に餌をやっていた。早くつぶしてくれないかと思うほど憎かった。

兎は水をやる必要がなく、新鮮な草をやって育てた。名前もつけ、数も増えたが、やはり食料の不足からか、食べられるのがつらかった。最初の兎は食べなかったが、腹減りには勝てなくて最後は食べるようになった。食べ物とはいえ、やっぱり可哀そうに思ったのは無理のない事だった。

米や麦は無駄なく食べていた。ご飯の残りはよく水で洗い夏の熱い太陽に干す。かわいてポロポロになると油と砂糖としょう油を適当に落としてフライパンで焼け焦げないように廻す。固くてバリバリ音がする。音だけでも香ばしく匂って来る。たしか「ほしい」(干し飯)と名がついていたと思う。米一粒も大切にしなければならない時代だった。

兎は大きくなると人間の胃の腑《ふ》におさまる。自分で殺すにしのばず、兎殺し専門の家へ持って行った。その家には兎の皮が天日に干してあり臭かった。時には兎の首を針金でしばったまま木につるした姿を目にする。もがいて死ぬ兎を見て、持って行った兎をまた持って帰ることもあった。

15 出征兵士

そうした時代、長兄に名誉の出征である召集令状が来た。どこにいたのかしらないが、長兄は早速「ただいま」といって帰って来た。明るい顔であった。気位だけは高くて家の仕事には何の役にも立たない彼だが、他人には如才なくつき合って人気があった。人づき合いは誰に似たのか、実にうまかった。兵役検査は当時はとても少なかった甲種合格で、一番に白羽の矢が立ったのである。女性遍歴の多い兄には、うってつけの召集令状であった。

市では出征兵士達を送り出すに当たって、豪華きわまりない祝賀会を開いた。家では出征するといっては隣組で幟《のぼり》まで用意する始末。百人を越える見送りが酒肴の宴を終えて万歳をくり返す。それは大帝国日本の初めの姿であった。出征した家の玄関には「出征兵士の家」という立て札がはられていた。

長兄は栄えある帝国日本の軍隊に入る事により、あらゆる女性遍歴の旅を免罪にしたのであった。

16 入院と嫁入り

長兄は大日本帝国陸軍歩兵の「二等兵」として満州国におもむいた。特に勉強しないのに要領の良さは日本一と言うだけあって、「特別衛生兵」の任務についた。金持ちの坊ちゃんというふれこみの上に天下の美男子だから、あの怖いビンタにも上官の庇護を受ける。「肩をおもみ致します」という人のくすぐったい所にも気づく優等兵士だから、見る見るうちに出世して一等兵へとかけ上る。出征兵士とはそういう事かと信じられない出世の仕方。そして二年もたたぬうちに上等兵に抜擢されてしまった。だが何にでも、いい事だけは続かない。肺の調子が悪くなり肺炎が進んで肺結核と進み、とうとう内地に送り帰されてしまった。着いた所が直方の近くの小倉陸軍病院。病院でもこりずに法螺《ほら》を吹く。金持ちのぼんぼんといううきまり切った法螺は堂に入っている。すると看護婦さんはすぐなびく。なびく看護も一人、二人ではなかった。二女（長兄にとっては妹）が行けば「お手伝いさん」と言えと無理を言う。父はあきれ、母もこれではと見舞いには行かなかった。

病院はもて余して、自宅療養の許可を出す。今度は一家が大きな厄物《やっかいもの》をかかえる事と相成ったわけである。

肺結核はその当時、なかなか治りにくい病気で、別命、贅沢病とも言われ、人の倍も栄養をとらなければ治らないと言われていた。私達残りの五人は二階を長兄に独占される事となった。父は自分の父が同じ病気で若い頃他界している。母は特に栄養面で注意しなければならないし、子供には病気を伝染させないために、私達を一階に移したのであった。

その頃この病気には、本当かどうか知らないが、蝙蝠《こうもり》の黒焼きが一番効くのだと言われていた。夏の夕暮れ時になると家の外板のすき間や軒先から蝙蝠は一斉に飛びたつ。家の外にいる餌を求めて目にもとまらぬ早さで捕える。彼等の目は退化しているらしい。その代わりにレーダか何かが働いて自由に空を飛び蚊やぶよなどを食べるのだという。勿論そんな話は聞いたこともないし、子供の私には判らない。しかし長兄には早く良くなってもらいたい。必死に網で追いかけるが絶対に網にはかからなかった。

工場から帰る途中のオジさんが通りすがりに見て笑っている。そして、こう言う。

「こんなことしておると一晩中かかってもとれりゃせん。蝙蝠ばとるにゃ長い竿にひもばつけて、その先に重しばつけて振り廻しとるとそれにあたってすぐ落ちる」

騙されたつもりでやってみた。ぶんぶん振り廻していると、パタッと音がしてあの軽業師のような蝙蝠が下に落ちてもがいていた。変わった捕り方だがたしかに蝙蝠には有効だった。

それからというもの、面白くて毎晩、彼らを落とした。気味の悪い顔をして、羽といわれる両足の膜はうすくてなんだか不思議な物体である。縮まると小さな黒い動物であった。毎日一、二匹は捕れた。今、考えると蝙蝠は有益な動物なのに、丸焼きにされて可哀そうだった。母に渡すと、小さなふたのついた壺に入れてむし焼きにしていた。

それが効いたか効かないかは知らないが、長兄は肺結核が治ってしまう奇跡がおこる。そしてまた、旅に出て「傷痍《しょうい》軍人」という特権をたてに佐世保重工業の社員となる。がその後は例の通りの「色男、金と力はなかりけり」の生活に入る。

そして二年後、女房という女性を連れて帰り、無事、晴れて男の子を生ませ、子供が一歳になった頃、隣の飯塚市にある三菱鉱業炭坑に社員として入社し、やっと長年勤めることになる。やがて、子供も四人になり、六十歳で人生を全うした。

長兄の病気が良くなり我が家を後にして、ほっとする間もなく、母代わりに私を可愛がってくれた二姉が嫁ぐことになった。その夜は男ながらに涙が出てとまらなかった。

そうしているうちに今度は二兄が徴兵されて行く。その頃は日本も戦況がきびしくなるばかりで、もう長兄の出征当時の面影はなく、ただ身内の者だけが集まって送り出しただけだった。家々にはもう出征兵士の表札もなく、他所には「遺族の家」という表札が淋しく飾られている。

二男は八幡製鉄所の重要な任務をもっていたのだが、兵隊の任務につく事が最も重要であり、誰も逆らうことは出来ない時代であった。

特殊な任務を与えられ中国の重慶に渡り、その後音信はなくなり、敗戦二年後、やっと消息がつかめたのだった。

何もかも国家の策であり、秘密裏に国家は動き国民は口出しひとつ出来ない有様であった。国民は、かつてない苦しみを味わう日が来る事を夢にも思ってはいなかった。

私は途中で逢う軍人姿を見て、二兄だと思い走って行って、それが他人のそら似であったことを何度も経験した。

17　鉄くず

戦争がはげしくなり、鉄の値段が急激に上がっていった。町は工場団地だし益々うるさくなってきた。鉄くず屋も多くなり、鉄や鋼などをすぐ現金に代えてくれた。金はあるがお菓子屋はない。もう廃業か他の職業についていた。

神社やお寺は屋外に鎮座している金属製の馬や牛の像を寄附して評判になった。そうすると市もだまって見ている訳にはいかなくなり、遠賀川の名物、五百メートルはある「日の出橋」の欄干《らんかん》までを寄附するという始末。他の橋と違って鉄の欄干は名物である。「その欄干だけは」という有識者のことばまでを無視して取り払われたのである。今のように車が通ることのなかったとは言え、橋の欄干は、取り壊され、丸裸となり橋の真ん中を人が通るという笑い話をそのままに、まばらに残った鉄の杭に孟宗《もうそう》竹を切りそろえて欄干の代わりにしたのである。長い橋に欄干が竹材で出来ている。恐ろしくて欄干いや竹のそばを歩くのは大変なのだ。橋の東側には尋常高等小学校がある。一日何百何千という人がせまくて長い竹の欄干の橋を渡る。風のある日や雨の強い日など、集団になって橋の真ん中を渡る。車はめったに通らないが馬車が通る。人間は橋の真ん中へんに集まって馬車がいばって通るのをよけている。

川の上手にもう一つ橋があった。そこは実は嘉麻川である。もう一つの川は彦山川で、そこにも一つ橋が架かっている。日の出橋はその二つを一つにした大河川に存在する。

上の橋を勘六橋と呼ぶ。橋は欄干がセメントであるから助かった。この橋の下に女の乞食がいて「勘六橋のお玉さん」と呼ばれていた。顔はまずまずで、いつもきれいな着物姿だから見知らぬ人は乞食と思わなかった。橋のたもとで立ったまま一日を過ごす。昔はいい所の娘さんだったそうだ。何かが原因で頭がおかしくなって、そこに立つようになったと聞いた。皆に可愛がられたお玉さんもそのうち、いなくなった。

私達子供は鉄工所の近くにいるから、鉄くずを拾う機会が多かった。集めたお金は遣う所がない。市役所に寄附した。私達のその金は砲弾に変わって人を殺したのかも知れない。

その鉄くずさえなくなり、そうした善行も自然に消滅していった。

芦屋の海は昔はひらめや何やらとよく釣れた。しかしもう海水浴なんて余裕のある日本ではなかった。軍閥が日本国を牛耳り言論の自由なんてなかった。音楽や絵画もなく、検閲が実施されて流行歌も民謡も何もなく「国民皆兵」という名の下に重労働を押しつけられた。

「海ゆかば」の歌が流行した。

この歌なら学校でもどこでも大声で歌ってもほめられた。

「海行かば水漬《みず》くかばね、山行かば草むすかばね、大君の辺《へ》にこそ死なめ、かえりはせじ」

かばねは「屍」と知らず、水に浮く樺《かば》の根だと思って歌っていた。

18 教育勅語

たしか一年生になり、しばらくして修身の時間に教育勅語というのを習った。難しい文句でいちいちフリガナがうってある。小学生として、これを暗記しなければ一人前とは言えないと早速覚えさせられた。ただそれだけの文章と思うが、それが長くてやたらと「朕」と言う言葉が目につく。ふざけて自分のことを「朕」と言うと先生に目玉がとび出すぐらい叱られた。

兄姉が上にいる子は幸せだ。彼らの影響でなんとなく教育勅語は知っていた。

学校で一年生の最初の試練が来た。一週間でこれを覚えろと言う。毎日残って呪文をとなえる友達もいるが、それでもこの教育勅語を覚えない子供を「馬鹿」と呼ぶような校風があった。「馬鹿」と言われた子供は先生にも生徒にも相手にされなくなり孤立した。

男子の級には優に六十人以上の子供たち。女子はこれも男子の数ほどにいるだろう。私の組は一年一組。その他一の二、一の三とあり女の子も同数だと三百人を超す一年生の数。それぞれ人員は違うだろうが、六年生まで入れると千八百人にはなるだろう。「産めよ増やせよ」のかけ声で、一年生はおそらくピークであったろう。これだけの数だから教師は子供の名さえ覚えづらい。だから「馬鹿」と言って放任される子供はいても構わない。放任された子供は名簿の欄外に記されてはいるが、教師の負担は免除される。特殊学級とか養護学級とかいう施設はありもしない。私達の小学校時代は、一年の時からそういう子は野放しにした。それでもまだましな子供は落第という方法がとられ、大きな子や年の二つ三つの違う子供が混じっている事もあった。しかし、親の切なる願いもそれまでで、「落第」した子供たちは自然と学校に来なくなり、そのまま「馬鹿」になり果てゆくのであった。

教室の前では立たされた子供たちが立ったまま教育勅語を暗記させられていた。代われるものなら代わってあげたい気持だった。

「朕オモウニワガ皇祖皇宗クニヲハジムルコト宏遠ニ……」「ワガ臣民ヨク忠ニヨク孝ニオクチョウ心ヲ一ニシテ　キョーイクノエンゲンマタ……」ギョメイギョジ

全く訳のわからぬ言葉を覚えるのだから、頭が混乱してくる。哀れである。もっと後か、それともっと以前に生まれていればこんな無謀は通らなかっただろう。

十月三十日はこれに輪をかけた無謀が行われた。日本全国の尋常小学校が、（もしかすると旧制中学校も旧制高校……も）同時に同時刻に教育勅語を読むことになっていた。
各小学校では学校長が全児童を講堂に集めて式が始まる。

フロックコートを着た校長は真白い手袋をはめ、うやうやしく講堂の真ん中にある御真影のある扉をひらき、中から白い布ぎれの巻いてある「教育勅語」を取り出す。千人を超す児童はこの時黙禱《もくとう》といって頭を下げて直立の姿勢をとらねばならない。新一年の児童には初めての最も激しい試練である。十月の終わりは寒さもひどく何の暖房設備のない大講堂で頭をたれているると鼻みずも出る。講堂のしずけさの中に洟をすする児童のうめき声には、ただならぬ様子が伺える。その長い長い朗読の時にバタッと倒れる子供がいる。教師があわててかかえて講堂を出た。次から次へと倒れる子供。それをそしらぬ顔をして朗読は続いた。その朗読は、どんなに辛いことか。「……御名御璽《ぎょめいぎょじ》」そうしたら校長と一緒に最敬礼をする。校長は教育勅語を反対に手折《たお》り、それをまた、例の真白い箱にうつし、最敬礼をして御真影室に進み、うやうやしく礼をしながら扉をしめる。白い手袋をとる。それが終わりかと思ったら今度は明治天皇陛下がいかに偉いかを話す。そして講堂を出て行く。今度は皆並んで各教室へ行く。教室も寒い。そして一くさり入れていると今度は教師が入ってくる。もういい加減にしてくれと言いたくなるが、日本男子は黙っていた。やがて終わってその日は晴れの祝日になる。これだけの事を口で言えば簡単だ。なら当の本人と入れ替われば納得がいくだろう。

これが敗戦の年まで続くのである。平成の人に話しても信じないだろう。

私は小さい時から映画が好きだった。映画とは、最近になって一般化された言葉で、昔は活動写真と言った。写真は確かに活動している。活動に行く時は変装して行った。昔二見が旧制中学に通っていたことがある。その帽子をかぶって行けば背の低い中学生であった。中学生には見てよい活動写真があった。それに今の割引券と違って活動写真の看板みたいなポスターが到る所にはってあり、その下にカギ印で囲ってある割引券があった。ポスターは昔はそうして客を集めていた。私の家の近くに八百屋がありそこにポスターはりのオジさんがいる。一番にみつけた者が安く見られる。その人について廻ると直ぐ二、三枚はとれる。一枚を二見に渡し、私はその代わりに大事にとってあった中学生の帽子を借りる。

もっと小さい頃には金もない、入れもしない。それがどうしても見たい時は、どこの大人でもよい、親しくなって一緒に入った。子供の料金は要らないが、保護者と一緒なら文句はない。

映画といわれるようになって、映画館は満杯だった。今とちがうのは予告編はない代わりに必ずニュースがある。ニュースが始まる前には必ずといっていいほど天皇が映される。その時、帽子をかぶっている人は大人でも子供でもみんな帽子をとらないと大変だった。目の前で立ち上がって礼をする「馬鹿」もいた。帽子をかぶったまま忘れていると軍人らしき人にゴツンと一発喰らうこともあった。

映画館には現役か退役かしらないが、必ずそういう人が二、三人はいる。思想映画でもないのに見張っているらしい。すこしでも国益にならないと思われると、その人の主張でカットされる。そうした場面に度々出会ったが、だれも気にもとめずに待つのだった。そして再び上映されるが、何が何だか判らない映画になっていた。それでも映画館はにぎわっていた。時々は、弁士つきの古い活動写真も来たりした。下手な弁士は同じ活動写真でも全然面白くなかった。私の町にはそんな下手な弁士がよく来た。

19　多賀さん祭

多賀神社は直方駅の上手の山の上にある。市民や近郊の人達からは「多賀さん」と親しみの名でよばれる有名な神社なのだ。多賀さん祭は一年二回あり、私達が子供の頃から、春は四月

十三、十四、十五日と三日間。秋は十月十三、十四、十五日の三日間。今もまったく同じ日に祭が行われている。直方駅の横の通りを多賀さん通りと呼ぶ。春にも秋にも大小の天幕におおわれて三日間、屋台や色々の店舗がコの字形に六百メートルはびっしりと並ぶ。駅前の広場ではバナナ売りやガマの油売りなどが人を集めている。多賀さんには近郊各地から数万人の人達が押しよせて、もう歩けないほどの人数であった。線路の裏側には広大な敷地があって大天幕がはりめぐらされ木下大サーカス、お化け屋敷、その他の見せ物小屋があり、それはちょうど浅草の花屋敷と酉の市を一緒にしたようなお祭である。

そこにはまた、悪い奴も集まる。警察はスリや交通整理で精一杯である。店のちょっとした空地に割り込んでこれはと思う人に話しかける。小さな折りたたみの台を出しすこしほろ酔い加減の人に言う。

「オッサン。これみてちょうだいよ、この三枚のトランプをどれか当てただけで一円が十円になる。このエースだよ、ね、あと二枚は普通のトランプ。エースを当てれば十円だ。どう、やってみないか」

オッサンが迷っていると横から一人が現れる。

「俺がやるよ」と早速決まる。三枚のトランプを交互に台の上で動かす。

「よし、これだ」とその男が言う。

誰の目でも判るはずだが、その男は当たった十円をもらってどこかに消える。数人が集まってくる。オッサンは、

「俺もやってみる」とがぜん乗り気になってくる。そしてゲームは素早いカード廻しでオッサンは負けに決まっている。どうせ負けると決まっていても、オッサンは何も判らず、今度こそは当ててやるといきまく。今度もエースは出てこない。腹だたしい思いでオッサンは、手の内を見せろといきまいている。そうすると誰かがさけぶ。

「お巡りがくるぞ」

皆がサーッと散りトバク師はもうそこにはいない。時折りそうした悪人を見ることがあった。酔い客はふんだくられて帰って行く。悪人はまた、別の空き地をみつけて同じ手口でやっていた。

祭り三日目は最終日だから、近郊からの人達がどっと押しよせる。

立派な背広を着た男の人が、商品を山のように高々と、立派に見えるように積み上げている。

そして次々と売れている。客は客を呼び、話を聞くと何か特許の品を販売しているという。目の前には古くて使い物にならないような釜や古びた自転車のリムが置いてあり、頃合になると客の目の前で実験してみせるのである。

「さて、当社自慢の特許品でピカールという製品です。何でもよい、古びたものをこんなピカピカにする。どうです。今、磨いだけで、こんなになる。しっかりすり込むと新品同様になります」

言葉も丁寧のうえ、礼儀も心得ている。四角い罐から半ねり状の白い薬品を取り出して布でこすると今までくすんでいた鍋や釜が真白くなりステンレスに近い光沢をはなつ。我も我もと群がって買う。高い値がつけてあっても売れに売れた。私もそれにならって買った一人だった。早速自転車のリムやボデイのさびた所につけて布でこする。やっぱり凄いと今さら科学の力に驚く。しかしそれはやっぱりイカサマであった。翌日になると光沢はうせ、光っていた色の部分は元の色に近づいている。そしてはん点のように変わっていく。やがて剝げおちて元の姿に戻っていくのである。

しまったと思った時はもう遅い。翌朝早く行く。天幕は片づき、ごみの山しか残っていない。

こういう手合いが最後の日にはよく横行した。

春も秋もこういう祭が行われる。子供は親にくっついて綿菓子などを買ってもらって、喜びの日々を送るのだった。

平成の今、いまだに春、秋の多賀さん祭りは開かれている。しかしあの大天幕や人の波はなく、学校帰りの生徒や小学生たちがかよう程度の直方市の祭になってしまった。

屋台は出ているが、範囲もぐっとせばまり、あの線路先の呼びもののあった場所は今は自動車のたまり場になっている。

でも私は、今でも毎年多賀さんに詣で、賽銭箱にわずかではあるが感謝の念をこめて投げ入れることにしている。

実は私の家の氏神様は多賀神社ではなく、新入《しんにゅう》の剣神社になっている。今は立派になって年に一回みこしを出している。小さい頃、そのみこしにのって遊んだこともあった。だが戦時中はみな「祭礼行事は禁止せよ」というお上の命令で、三、四十年、祭は禁止されていたが、近年またみこしが出るようになったようだ。

多賀神社も筑豊地区では有名な祭であったが、時代がすすんであそびも多様化し、昔のように市民以外に来る人達はほとんどいない。今では多賀神社裏に遊歩道ができ、立派な吊り橋もある。昔、その上の方に「忠君愛国」と書いたどでかい塔があったが、戦後取りこわされて遊園地になり、きれいなくじゃくや猿やいろいろな鳥がいて市民の憩の場になっていた。そこには小さい売店があり、子供の喜ぶ長いすべり台がセメントで出来ていて、私の娘とたのしんだ所であるが、いつの間にか炭坑の不況や何かでそれが市の財政の負担となり、今では何にもない平地となっている。代わりに市の中央に実に見事な市庁舎が出来たのは誠に興味あることではある。

それに比べて筑豊炭田の全面的閉山、地区工業団地の宅地化その他いろいろの事がかさなり合って、かつては筑豊随一の活況をほこった直方市は飯塚市の躍進とか、五市合併の北九州市の出現などによって、単なる無能都市になり下がり他の都市のための宿をつとめるだけの市になり果てたわけである。

それに伴って、かつては町の中心であった古町商店街はすっかりさびれ、不況のどん底にあえいでいる。

私の子供の頃は機関車都市とも呼ばれ、駅の周辺は汽車のはく煙におおわれ、多賀さんも真黒にすすけるほどだった。筑豊随一の国鉄機関区があり、その噴煙はいわば直方市の誇りを象徴するものだった。やがて機関車はディーゼルカーを迎え機関区と共に煙は消えた。

今は電化の波にのって、便利この上のない電車が走る。電車には朝から乗る人が背広姿で、下りる人達がほとんど学生姿。昔は乗る人が極くわずかで、下りる人の姿が多数をしめていた。

20 長姉の結婚

私が、たしか四歳だったと思う。長姉の結婚式に母と二人だけで京都に行った時のこと。直方駅から上り列車で折尾という駅に出る。たった四つ先の駅だが、ここで下りて上りの鹿児島本線に乗りかえる。そして九州と本州とを結ぶ門司駅に着く。それから連絡船に列車ごと乗りこむ。今なら本州も九州もなく海の下のトンネルを通っていつ本州に着いたか判らないほどだが昔はあの関門海峡があるだけで、ほんとうに遠い感じがしたものだ。本州下関から京都まで、何時間か判らないが子供の私にはとんでもなく長い時間だった。列車は早く、そして遅く、その間に車酔いになったりする。途中で列車が後戻りするように感じたこともある。また気分が直る。列車が止まるたびに駅弁を買ってもらった記憶がある。京都まで行くのも大変だから、昔の人は東京へ行くなどよっぽどの事だったろう。

とにかく京都にたどりつく。そしてタクシーに初めて乗る。やっと姉の住所にたどりついたが、もうくたくたで寝てしまう。

気がつくと、昨日寝た家と違う所に眠っている。夜か朝早くか寝たまま運ばれたのだろう。座敷の向こうに私と同じぐらいの男の子が一人すわっている。長姉の嫁ぐ先の親類の子らしい。子供同士は直ぐに仲良しになる。遠くへ行くんじゃないよと言われて外へ出る。最初はその子のあとについて行く。そうするうちに錯覚をおこして、自分が九州にいるように思う。並ぶ家々はだんだんと小さくなり九州の家に似た所がある。そうすると自分の家があたかもその先の道にあると思い込んだ。

「おれの家へ来ないか」と言う。素直にその子は「うん行こう」。その子ももう錯覚をおこしている。二人で九州の「おれの家」を探す。九州も本州もそこにはない。子供の世界があるだけだ。探して探して探し廻る。そんな時、サーベルを腰につけたお巡りさんがやってきた。

「家がわからんごとなった」と私は言う。その子は黙って涙顔である。どこだかわからないので交番へ行く。「住所はどこ?」「はい。新知町です」。お巡りさんはけげんな顔をして一生けんめい住所をさがす。相手の子供はとうとうべそをかき出した。

一方、子供が二人共いないと知った人達は結婚式どころではない。大さわぎして交番にやって来る。皆おっかない顔をしている。

「この子らです」

お巡りさんも、すぐに判って安心した顔で私の顔をやさしくつねった。

「幾らさがしても見つかるはずないよ」

京都の子は自分の住所を言えばよかったのだが、私は私で九州にいると思っているから口が先に出た。その子は内気な子であった。

家から近くを曲がり曲がって判らなくなったのである。家からはそう遠くは離れていなかった。その子は悪くないのに大人達に叱られて泣いている。私は戻ってから母に叱られて口をとがらしていた。

結婚式がいよいよ始まった。教会や祭礼所などではなくて親戚の広い広間で始まる。私達二人は並んですわっている。式は直ぐ終わり、二人はとんだ余興だったと皆にからかわれて、たのしさを盛り上げたようだった。

長姉は何だか姉というより叔母さんに思えた。家のまずしさを凌《しの》ぐために京都に出て知り合った相手だった。兄姉たちは「香《かほる》姉さん」と呼んでいたが私は「かねちゃん」と呼んだ。遠くで離れて生活しているためもあって、かねちゃんはどうしても姉弟の感じがしなかった。

式がすみ見送りの長姉らと駅で別れた。土産でいっぱいの母について歩く私の目にとまったのは駅の売店のお菓子。乗車して母が荷物を棚に整理している間に私は列車から急いで下りて買いに走った。日本の列車は正確さが世界で一番と言われている。発車のベルがなり出した。大あわてで乗り込むつもりであったのだが、列車のステップが高い感じがして、つい足をすべらせてしまった。すると、スーッと私の身体が浮いて、列車の中にいるではないか。車掌さんが私をだきかかえて乗せてくれたのだった。そして何事もなかったように列車の中へ消えてゆく。

大きな頼り甲斐のある車掌さんに見えた。それからしばらくして切符を確かめにやって来た。母が何度も頭をさげてお礼を言っている車掌さんは、私の家の近くに住むオジサンであった。年一つ下の息子がいて、その子をいじめた事もある。

私はその事以来、その子をいじめるのを止めた。大きく見えた車掌さんも、実際は小柄な人だった。が、しかし私の心の中では永遠に大きな車掌さんである。

遥かなる遠賀川

21　衣

戦争が進むと着衣がだんだん不足しだした。私の二兄は十歳ぐらい年が違って戦争に行っている。兄弟がある事は幸せであった。兄の残したダブダブの服で学校に行っても何も言われなかった。着物を着て学校へ行っても何も言われることがなかった。大きな子が、もう袖が通らなくなったような洋服を着ても、ボタンもしまらず、ボタン無しでも、誰も着ていない破れかぶれの服でも、まとっているだけで充分な時代であった。女の子も、今では母親も絣のモンペ姿でお化粧するにも化粧品がなく、ヘチマの下の方を切ってその下にビンを置き、その溶液を使っている女の人が多かった。

一年に入った頃はまだ栄養食だとか、栄養ドロップとかが痩《や》せた児童に特配があったりしたが、それも既に廃止されていた。

三年頃には着る物もなくなり、配給された新しいズックなど、ちょっと置いていただけで、盗まれてしまうのが常だった。

学校にはハダシで行く事が多くなり、それに頭をいためた我が小学校の教頭先生が、自らハダシ、上半身はだかで学校に通い出したのである。背の低い教頭先生だが、これで登校して夏休みが終わる。そして秋に入っても丸首シャツに相変らずハダシ、冬になると、足には下駄で登場した。それから春が来て、また上半身はだか、足はハダシで鞄を下げたスタイルで二年頑張った。風邪ひとつひかないでそのスタイルをくずさずに二年間、甲斐あって新聞にのり、校長になって他校でまたその名をとどろかせた。愛国者は、こういう形で立身出世をしたのであるが、敗戦後どうなったかは知らない。大日本婦人会、大和なでしこ会、大政翼賛会とか何とかかんとか名のついた会がたくさんあったが、敗戦という日本はじまって以来の大事件のかげに、ことごとく葬り去られたのである。

良い教師、立派な体力のある教師たちはもはや日本にいず、遠い大陸や東南アジアの小さな南方の島々で飢えと病魔に冒されて次々と死んでいったのである。

22 新聞紙

新聞も枚数が少なく黄色いしみみたいな紙になっていた。紙面も読みづらく、読みがなはついているが、戦争の記事ばかりで子供の知るところではなかった。

だが新聞紙ほど、用途の多い紙は当時なかったと思う。水洗便所のことはよく知らない。大都市とは違って一般の人は汲み取り式の便所である。新聞紙は小さく折ってはさみで切り便所の紙に使うのがならわしであった。金持ちの家でもザラザラのお粗末なちり紙が置いてあるような時代であった。すべての産業は軍需産業化され、わずかのちり紙しか製造されていなかった。どこの便所にも新聞紙が切って置かれ、それで大便の処理がなされた。多人数の家では新聞紙が足りず新聞紙も置いてない所がある。どうしていたかと云うと、その家によって多少の差はあるがヘラを使っていたらしい。靴ベラは誰でも知っているが便所にヘラがあったとは……。本当の話である。新聞紙は火をたく時にも使われ、包み紙にも使われた。しかし一番、よく使われたのは習字の練習であった。学校ではたった一枚の習字用紙を児童に渡す。これを持ち帰って清書をしてまた持ってくる。学校で習う時はみな新聞紙を何枚も重ねて練習する。折り目の所で字が散ったり字がまがったりするが、児童はみな真剣だ。やっと一時間が終わり、墨をバケツに丁寧に入れる。丁寧に入れられた墨は係の児童に持たされて職員室へ運ばれる。何の墨だかわからぬものが、そこにはあった。習字の先生はその墨汁《ぼくじゅう》を業者に手渡していた。児童たちは墨特有のくさい匂いのしみわたった新聞紙をそのまま乾かした。持ち帰ってまた、何かの用に使う。新聞紙は捨てるものでなく、これだけ無駄のない使われ方をしていた。

23 蚤《のみ》、虱《しらみ》、ダニ

学校では何でもすぐに流行った。一人が何か短い鉛筆で背中を苦しげにかいている。隣りの児童もかき出して、帰る頃には誰もかれも背中や胸がかゆくなる。この頃になると風呂に入らない、入れない子供が多くなっていた。風呂を沸かす燃料がない。雨の明けた朝、木造の塀など夜中に誰かが来てごっそりと持っていく。金は盗んでもたいしたものは買えない。

風呂に入ってないので泥で真っ黒になった体には、決まって蚤がわく。その蚤が次々に他人に移動して今度は家族にまで移る。ピョンピョンとぶ蚤だから中々つかまらない。そのうち、街全体の人達が被害にあう事になる。やっと重い腰を上げて市が対策にのり出した。だが消毒する薬品がない。そこで市民に呼びかけて、これに市民は従う。それは統一原始作戦だった。

先ず、日を決めて全員裸になる。男も女もありはしない。そして煮沸《しゃふつ》作戦に入る。衣具に至るまで熱い湯にひたすのである。こうでもしないと蚤は退治出来ない。市は五右衛門風呂をどこからか引っぱり出して来て、各地区でこの煮沸作戦を実施する。市民は丸裸で女の人は家にこもったきり出てこない。

市と市民の必死の取り組みも、初めは効果があるが、かゆみの蚤はしつこく再発する。蚤がいなくなればなったで今度は虱がわいてくる。蚤と虱が共存する身体にさらに新たな敵が登場する。かゆさも二倍ではれ上がる。だが蚤に比べれば取るのは比較的楽である。この害虫はダニとよばれて、皮膚に深く喰いついて離れない。虱は髪の毛に宿るが、これはオチンチンの毛に宿るのもいて思春期を迎えて生えてくる少年をなやまし続けた。こんな時代が敗戦のあとまで続いて日本人は肉体的にも、精神的にも苦労し続けた。

24 馬

自動車はほとんど見かけなかった。時々走るのは軍隊のものだけだった。馬は、遠賀川の土手に放たれて草を食べていた。時には牛まで放置され、その中に子供が嫌いな乱暴な牛がいて角をつきだして襲ってくる。

馬は普段は温和《おとな》しいが、驚くと突っ拍子もなく恐ろしい動物に変わる。

馬方がちょっと一杯、仲間とやっている時に、何で驚いたのか馬車を引きずったまま先方にある大溝に落ちた。積み荷がかさなり合って重い馬車が溝にはまり込み、それが馬の上にのしかかっている。身動きもとれなくなった馬は足から血を流し、大きな目をむいてもがき苦しんでいる。馬方もあまり急な出来事に驚いて手も足も出ない。大溝のまわりには人が集まって来た。どうなるのかと見ている。そのうち、馬方の知り合いがやっと来る。何かしている。とたんに「ズドン」と銃声がした。馬の交通事故はこうして終わりをつげる。銃はどこにもある。私の家には二丁もあった。

そのうち、馬車をみかける事が少なくなった。自動車が増えたわけではない。見るのはバスだけで木炭をたく大きな煙突を後ろにつけて頼りなさそうに動いていた。

強い馬はみな軍隊に徴収されてしまって、力のないよぼよぼの老馬が時折りあえぐように馬車を引いていた。馬の蹄鉄屋も一軒だけとなって、それも馬がいなくなって閉めた状態だった。

自動車が通ることがたまにあった。たぶん、戦争の前に造られたニッサンの車だった。誰もが車の事をニッサンとかダットサンと呼んでいた。アスファルトのはげかかった中央道路をダットサンが走ってくるのを見ると、子供は争ってかけよる。近づいてくる車はすごい匂いを発散させて通る。たぶんキャブレータから漏れるガソリンの匂いだろう。その匂いがたまらなくおいしそうで好きだった。ダットサンを追いかけながら匂いが遠くかすかになるまで後を追って走った。

また、道路にガタゴトと音がしだす。老馬がとぼとぼと馬車を引いて通る。年老いた馬は道路の真ん中に立ち止まって小便をする。ジャアジャアとその音は耳にひびく。時には大便をする。ほかほかと温かい、すごく黄臭い糞がどっかりと落ちる。

するとその馬の糞は直ぐになくなる。小学校の児童たちは〝えびじょうけ〟という竹であんだ籠をひもでつってぶら下げて待っている。馬の糞をえびじょうけに移して学校に持って行くと「馬糞《ばふん》帳」と書いてあるノートに判を押してくれる。判をもらえば行動の記録にマルがふえる訳である。

小学校には肥料小屋がありそこには馬の糞が山のように積んである。牛の糞はべとべとしていてえびじょうけには無理なのだ。

時には馬糞のかたまりが胸にくっついたり破れた服の裏についている。でも誰も慣れっ子になっていて臭いと言う者もいなかった。

雨の降る日は馬も子供たちも哀れであった。誰も馬糞を拾わない。ほかほかの馬糞は雨にずぶぬれになりメイン通りのアスファルト一杯に黄色い汁を流しながら広がる。アスファルトの両端は目づまりを起こしていて馬糞はだんだんとそこに押しやられて散り散りに広がる。軒下の家は汚されて臭い匂いが立ちこめる。天気になると、むせかえる散り散りの馬糞。それが人々の目や口に、風にあおられて入りこむ。

たった一軒残っていた馬蹄屋はもう上がったりだと嘆く。

昔は何軒もの馬蹄屋が並び、夏も冬も石炭（コークス）が真赤に燃える炉があった。冬の寒い時など、そばを通る小学生達に「寒いから当たって行けよ」と言葉をかけるオジサンがいた。あから顔で、ひげぼうぼうの呑ん兵衛だが心の暖かい人だった。

馬をひいてくる客にも愛想がよく、気付けの一杯をやりながら馬の蹄にUの字をした蹄鉄を打つ。終ると馬方とまた一杯、親方はどのぐらい呑んでも変わらない。馬方が酔ってふらふらの千鳥足で、馬はシャンとなって馬方を気づかいながら帰って行く。こんなのんびりした風景も、戦争は失くしていったのである。

町の奥まった山の近くに種つけ馬が二頭いた。種つけ専門だけあってそのチンチンは巨大であった。黒い馬の方のチンチンが夕日に照らされて、それこそ黒光りするのが面白かった。私達は遠まきにそれを見てると、やかましいオジサンが追っぱらう。そんな楽しみとかいたずらも戦争は出来なくしていった。種つけ馬もオジサンも馬方も、元気な人は徴兵されて行った。とうとう馬もいない町になってしまった。

人は荷馬に頼れなくなった。大八車とか車力とかリヤカーの時代がまた来た。そう、その頃リヤカーの車輪やタイヤもなく、苦労してヤミ屋から買っていた。人間だけの手足しか、もう頼るものがなかった。

25 川辺

私たち子供の遊び場はもう川辺だけになっていた。山には鉄柵が張られて電流が流れていると言われ、ある家の庭には実際に鉄柵が張られて植えられた芋を盗ろうとした子供がそれに触れ感電死したこともあった。事件となって鉄柵は外されたらしいが、実際にそういう事が起こったりした。

川辺の様子も変わり始めていた。清水のようにきれいだった遠賀川も徐々に灰色に変わっていた。国策で石炭の増産を奨励しそれに比例して川の水は洗炭によって汚され、やがて筑豊炭田は日本有数の炭田地帯となるが、遠賀川は加速度的に褐色に変化し、あげくの果ては「ぜんざい川」という日本一汚ない川となったのである。

26　自転車

父がどこからか自転車を一台仕入れてきた。見るからに頑丈そうな古い自転車である。今日の軽快な自転車とは全く違う。三角形のフレームが上につきライトはなくサドルは大人でもやっととどく所にあり、後部の荷のせも、米一俵ぐらいは何ともなく積める。スタンドは二重になっていて、中々倒れない。どろ除けカバーも三角形をした丈夫な鉄板を曲げたもので、ちょっとやそっとぶつけられても全々ヘコまない装甲車のような自転車である。止める時にはペダルを逆回しして力を入れないと止まらない。この自転車に乗りたい一心で私は父に何度もせがんだ。

子供用の自転車なんてある訳がない。そのため、子供には今は全然みることのない「わき乗り」と言う乗り方がとられて、大きな子供ならそれで充分「乗り」を堪能したものである。

それは自転車の逆三角形の棒の内側に下半身を入れ、斜めになってペダルをけるという全く変てこなスタイルで、今ならきっと笑い者になるだろう。父は折れて私の意見を尊重してくれた。

自転車の後ろから押しながら斜めに乗る私の小さな体を支えるのは大変なことだ。やっと半日がかりで乗れるようになった。皆出て来て、「うまい、うまい」とほめてくれる。その気になって一寸した下り坂を下りてみる。うまく行ったと思ったとたんにだんだんスピードが出てしまう。昔の自転車はブレーキがない。止めるには逆にこげと言われていたことなど忘れてペダルを前向きにふみつける。どこかの壁にぶっつける寸前に、誰かが自転車を止めてくれた。父がとんできてその人にお礼を言っている。こちらは、ほっとして声も出ない。怪我はないかと聞かれる。何ともないと答える。脛《すね》の痛みより心の怪我の方が大きい。

こうした覚え方で自信がついた。二姉の嫁に行った先は私の家から約六キロぐらい。私はこんな乗り方をして何度も行ったことがあった。

27　兵隊さん

「僕は軍人大好きだ。今に大きくなったら鉄砲下げて剣《けん》つって立派な兵士になるつもり」

石を投げ、投げられた石で右目の上を大きく負傷した。洗面所は血だらけ、大急ぎで母が背負って病院に行った。外科医はほとんど従軍医師として出征していた。年老いた内科医は見ただけで赤チンをぬり、包帯を巻いて、はい終わり。完全に治るまで一ケ月半はかかった。それでも医者は神様に近かった。今でも傷は残っている。それでも向こう傷であるからほめられていた。今なら三針、四針ぬって十日もすれば治ったろう。

竹の棒をふり廻して、それが当たって片目が見えなくなった子もいた。誰も補障なんて言うことばも方法も、それをしてやる弁護士もいなかった。

市の本通りに時折り兵隊さんが小休止してすわっている。行軍でしばしの休みで皆が休んでいるうちに国防婦人会のおばさん達がお茶を運んでいる。隊長さん達は市役所で偉い人達から慰安をうけているだろう。私達子供の憧れは皆、軍人であり、大きくなったら「大将に」と言った調子で学校教科書にも書いてある。兵隊は二十歳からであるが、当時は十九歳ぐらいから兵役に従事したのではなかろうか。

それを拒めば刑務所送りか、場合によってはスパイの罪をきせられて拷問。

軍人に憧れて早く偉くなりたい人には陸軍幼年学校があった。学校で一番よく出来る者が一人、幼年学校に入ったと校長が得意気で皆の前で話したこともある。敗戦になって、その子は町の不良になっていた。旧制中学校を出て陸軍、海軍の士官学校に行く者も多かった。それだけ早く出世が出来るように徹底的に教育を受けたのである。

学校では時間をさいて中学生も高校生も、大学生も軍隊に行かない者まで、軍隊教練といって鉄砲のような木の銃をかつぎ演習を行わせられた。国防婦人会は各町村の婦人を集めて、消火訓練を行った。戦争末期には竹槍といって竹の先を斜めに切って刺せるようにし、俵で作った米英人にみたてた等身大の人形を前方に、「えい」「えーい」と声を出して突き刺す訓練が盛んだった。「本土決戦」というスローガンの下、婦人から中学生に至るまで突き刺し続けたのであった。

一般の兵士には刑務所より辛い地獄のようなしごきが待っていた。若い人も、かなり年配の人もこの上官によるしごきに耐えなければならない。なぐられけられ、ビンタは毎日の日課であった。これが一年続くとやっと一等兵になれる。一等兵は二等兵をしめあげる。今まで耐えたうらみは二等兵に向けられてゆく。一等兵から三年もすれば上等兵だ。こうなれば、もう神様に近い。上等兵になれない成績不良者もいる。万年古参兵とよばれ同じ一等兵よりも幅がきく。この様な階級制度が長く軍隊にはしみついていた。二等兵は常に上の階級に「殿」をつけて呼ぶ。「……であります」と何にでも「……であります」と言う。

正に悲惨この上ない日本軍隊であった。私達子供はそういう現実を知らされていない。ただ軍人が好きであった。夢中で兵隊たちのそばに群がり軍隊のあり方を聞いた。いい話ばかりで、その真実は敗戦のあとで知った。

時にはどこで手に入れたのか知らないが大きな大判焼を手にしている兵隊もいた。

「ちょっと来い、坊や」

「ハイ」と気どって答える。その大判焼きを渡してくれる。

「アリガトウゴザイマス」と思わず軍隊式の敬礼をする。固くなって冷え切っていた大判焼きは、情がこもってか特においしい気がした。兵隊特有の匂いがしみていた大判焼だった。カーキ色の軍服に金の星が二つついた人だった。たぶん一等兵だろう。かなりの年配である。腰のベルト、鉄砲の先にとりつける剣をつけ、ゲートルに汗びっしょりぬれた靴をぬいで、うすい日光にすこしでも当てようというのか、その匂いまでもが、大日本帝国を守る兵士として気高い感じがした。私達は大日本帝国は決して「敗けない」と考えていた。

28 台風(1)

私は当時、台風がタイフーンということを知らなかった。台風は西日本地方に猛威をふるい多大な被害をあたえた。私は二階に寝ていたが台風は夜間に上陸し、二階がごっそりと引きぬかれるのではないかと思うほどの凄い風が襲った。家々は停電で真っ暗だ。たった一本のローソクもすき間から入る風によって吹きとばされた。真っ暗闇の世界にじっとしてはおれなくなり一階へ下りる。下の姉たちも、やっとついていたローソクの灯に幽霊のように見える。父はそれでもグーグーと寝息を立てたまま。母はおどおどとしては居るが父は起こさない。私の家はまともに四方から風を受け時々はグラグラとはげしく揺れることもある。ただ風の収まるのを待つだけである。夜明けが近づいて多少は近辺が見えだした。台風は裏の大きなプラタナスを根こそぎ押し倒している。朝になると共に風は少しずつ弱くなり、台風のやまばが見えた。父は朝になって起き上がる。元気そうな顔で一体どうして皆がこんなに朝早くから寄りそっているのかと怪訝な顔をしている。昨夕、久しぶりにしこたま呑んだので外の様子は気にとめなかったのだ。私達が詰めよると、「この家は絶対にたおれん」と一喝された。

それだけ自慢の家だった。前にある家の瓦は吹きとばされ道の真ん中に落ちていた。近所の大きな藁屋根は半分ばかり藁が吹きとび、台風のはげしさを物語っていた。私の家が無事だったのはあの親方が巨大な大黒柱をわざわざ取りよせて、どんな風にも耐えうるようにしてくれていたお蔭だった。その後も何度となく台風や水害にあったが大した被害を受けずにすんだ。

ある時、遠賀川の堤防が切れて町の大半が水浸しになったことがある。床上浸水の家の人達は皆小学校に避難した。私達の家も一階は床上まで水が押しよせたが、二階があるお蔭で逃げ出さずに済んだ。ところが炊事場が水につかって、かんじんの飯がたけない。そうしているうちに舟が来た。市が川渡しの舟頭さんに舟をこいでもらって、おむすびを沢山持って来た。子供の私たちの気持は勝手なものだ。このまんま、二、三日水が引かなければよいがなと思っていた。ところが夕方になるとひけてしまった。

遠賀川の下手には彦山川が流れ込み、その川をあちら側に渡るためには、ずっと下手の中島橋まで行かねばならない。その中間の所に「渡し」という仕事をしていた舟頭さんが、人や自転車などを渡してくれていた。

29　猫

学校の先生が野良猫を捕えて実験用のアルコールをかけて火をつけた。背中まで焼けただれた猫は学校裏の竹やぶに逃げ込んで細い鳴き声が悲しくひびいていた。一週間近くも鳴いていたが息たえて死んだのだろう。当の先生は何もなかったような顔をしていた。

そんなある日、私の四姉が仔猫をひろって帰った。ただれ苦しんで死んだ猫とは関係なくても、そのままではまた殺されると私は姉と二人でその仔猫を秘密にして飼うことにした。しかし親猫恋しさに鳴くので母にうち明け、やっと飼えることとなった。黒と白の猫だった。当時はやりの「のらくろ」というマンガに出てくる犬みたいで名前は「コロ」とつけた。

私の家はその頃、長兄は傷痍軍人として優遇され他所におもむき、二兄は軍隊に取られて行方不明になり、とにかく淋しかったせいで父も黙って見すごしてくれた。父は私達に迷惑にならないようにと猫の便所をつくってくれた。猫は小さい時からしつけをすれば何とかなるもので、木箱の中に便をするようになった。ただ犬と違って猫の糞はくさい。だから川辺の砂を運ぶのには骨が折れた。コロは大きくなり近所をうろうろする。そんな時も「コロ」と呼ぶと犬のように大人しく帰って来た。どんなに遠くにいても帰る。かつて捕獲されて悲しい運命にあったあの犬ころ、コロのように、犬みたいな猫だった。戦争の最中にも敗戦後の苦しさも、コロは私たちと同じくひもじい思いをしたが、この猫は、幾らか食料事情が緩和された十七年もの間、生き続けた。冬の寒い日、風呂のあったかい蓋の上で眠るように死んでいた。

30 何でも喰おう

戦時中には、ありとあらゆるものを口に入れなければ死を意味した。固く、泡だっている鍋の肉は犬のようだ。母は皆に山羊の肉だといって喰わせるのだった。赤犬はうまいそうだが、そんなうまい肉にありつくことはできなかった。

友達同士では蛇を捕えてきて食べる。何と言っても蛇の皮をはぐ時は耐え難い。皮をはがす時にも蛇はもがき苦しむ、それをも飢えた気持が勝るのだ。皮をむいて内臓を出し、ぶつ切りにしたのを串に刺し、しょう油をかけてむさぼり喰う。小骨が多くて蛇特有の青臭い匂いは最後まで残る。残酷な事だが、それでも腹のたしにはなるものだ。その後に蛙を焼いて食べる。蛙の肉は蛇の後に決めてある。実に美味しい。牛蛙でなくとも殿様蛙は特別の味として珍重される。やわらかくて鶏の若どりの感じで臭くない。こうして蛇も蛙もだんだんと数を減らしていった。

防空壕には男の子達がよく集まった。町のあちこちには普段は使われない大きな壕があった。子供たちは時間を示し合わせて、こっそりと家から持ちだした品物を並べる。半ぱな品物だが、うす暗い壕の中では中々うまそうだ。やがて皆そろうとかなりの物が並ぶ。みそ、しょう油、油、時には砂糖もお目見えしている。鍋は大きいのを一つ誰かが持ってきている。鍋の中に何でもかんでも放り込む。「めくら鍋」といっていた。何しろ無理して集めたものだから大根だろうと葉っぱだろうと米だろうと麦だろうと投げ込んでいるうちにべとべとになる。家から持って来れない連中は川原に行きバッタ、コオロギ等まで中に投げこんでいる。子供達は無邪気なもので、それを大きなオタマですくって茶わんに入れて喰う。時にはとかげのしっぽや雑巾の切れはしなども中に入っていたりして、皆わいわいさわいで喰ったりした。女の子にはとうてい真似のできない男の子の世界であった。

腹一杯食べすぎて腹が痛くなる事もある。年下の子供たちは、煙くてうす暗い壕の中で最後の後始末をしなくてはならない。腹のぐあいが悪くなって一刻も早く防空壕を出たい。やっと片付き各自が帰った頃は、もう腹にたまったものがズボンの下からピューッと吹き出す。脱いで捨ててしまえばもう買えない代物である。ベトベトになったサルマタ、ズボンにまでベチャベチャと臭気と水分がにじむ。そのままでは帰れず、遠賀川へと向う。褐色に変わった川だが聖なる川に変わりない。川砂をみつけては下半身裸体になってもみほぐす。洗っても洗ってもその臭いは取れないで残る。こんな思いをしても「めくら鍋」の魅力は絶大であった。

31 幽霊話

道路には自動車なんて一台も通らない。私の家はメイン通りより一本わきの通りだから、夏になるとどこの家も「ばんこ」と言って夕すずみ台を用意し、そこに椅子を置いてオッサン達がうちわをバタつかせながらお茶を飲んでいた。玄関は開けっぴろげで、大人も子供もバンコに集まっている。夏休みだから子供も夜ふけまですごせる。そこに大人の中で話のうまい人が登場する。ワット数のひくい裸電球の明かりを前には、うって付けの話となる。

「そこでなあ、俺がまだ小さい時だったが……」と切り出す。子供たちは蚊の喰らいつくのも忘れて、「あの大きな楠の木があるやろう」と指さすところにたしかに楠の古木がある。子供なら七、八人ぐらいが手をつないで囲めるぐらいの幹の太さだ。数百年の樹齢をほこるであろう古木である。そのあたりから三つの交差点の先には古いお不動様のまつってある祠がある。その当時は古木のわき道は淋しく楠の葉で大きくおおわれていたので昼でもうす暗く、誰もその夜道を通る者はいなかった。またその祠の横には墓石のようなものが幾つかころがっていた。そして怖い話はくり広げられていくのだった。

……ある夜、のっぴきならない急な用事であの楠の下を通らなければならなくなった。あたりは真っ暗で提灯の灯をたよりに木の下までくると、後ろから誰かつけてくる音がした。男は立ち止まりふり向くと、やっぱり提灯を下げた若い女が近づいてきて、「ああよかった」と言った。男はほっと一安心して彼女と一緒にそこを通って行く。

「どこへ行くのかい、こんな夜更けに」

「ええ急な用件で」とうつ向きかげんに言う。

やっと楠の木の所を通りぬけ、「よかったね、気をつけてお行き」と男は声をかけた。

二人は三叉路を別々に……とその時生《なま》ぬるい風がサアっと吹いて男の体をなぜた。消えそうになった提灯を直すと女もいる。その女は目の前に、あの楠の古木の枝からぶら下がったまま死んでいる。足がまるで風にゆれているようになびいていた。首つり自殺した女だった……。

男は自分の話が本当のようによそおう。「ワァーッ」と子供達は一目散に家へ向かって行く。男はニヤリと笑っている。夏の夜はこうして一幕をとじるのであった。

話は毎晩のように変わる。楠の木は、時には林になり森になった。子供には嫌われ大きな迷惑をこうむっただろう。ある時は子供が生首をかじっている祠になった。ある時は墓石が動いて民家の庭さきに来ていたとか、その話のタネになったお不動さん。しかし、こんな話は話であって、実際には何も起こらない平和な場所だった。昭和三十年ごろまで生きのびた楠は市街地整備のために切り倒されてしまった。お不動さんはとると祟りがあると信じられて、そのまま残っている。

32 天狗の糞

「このクソたれ子僧」と親友の山口が叱られた。大き門構えのある立派な家で、近所の人達は「大将」の家と呼んでいた。が実は中佐でどこかの隊長らしかった。その頃は軍人の家と言えば警察より怖かった。そういう世の中になっていた。

山口は工作が得意で父親はある軍需産業工場の工場長だった。その父親が息子の模型飛行機づくりのために、やっとこしらえてやった「糸ゴム」を大切にしていた。他には誰も持っていない糸ゴムで、竹ひごに紙をはった翼をとりつけ糸ゴムをプロペラに巻きつけて廻せば飛んで行く。山口の模型飛行機は非常に高くよく飛んだ。遠賀川の平地から飛ばした飛行機は快晴の秋空に気流にのってか高く上がり、クルクルと円を描きながら、しかし運悪く「大将の門」の内側に落ちた。その門の前には銃を持った兵隊が二人立ち、お迎え車だろうか、二台も止まっている。

中には大切な模型飛行機がころがり込んでいる。玄関前には立派な服装をした軍人が立っている。そこにはもっと大切そうな盆栽が並べてあって一つを傷つけたようだ。

「オレ達が行ってあやまってやる」

私ともう一人が恐る恐る門の入口で、

「済みませんでした。あのう飛……」と言葉を発する前に、

「うるさい」と玄関に立っている軍人がどなりつけた。

私達二人ともびっくりして逃げ出した。盆栽には悪いことをしたが、私達は山口がしょんぼりしているのに気がとがめた。

しばらくすると車が去り、迎えもすんだのだろう。兵隊は一人で立っていた。

私達は山口が糸ゴムを失ったことで帰るに帰れない。しばらくして門がとざされ、こっそりと見に行くとあの飛行機はなかった。

畜生！　山口は僕らの親友だ。復讐だ。

その日、うす暗くなった時、四人は復讐を実行に移すことに決めた。それは堤防で一人ずつ並んで糞をする。糞にもやわらかいの、固いの黒いの白いのといろいろあるらしいが月の光りぐらいではわからない。山口は本気になって糞を力んでしている。皆の糞は団結のしるしと山口は素手でかきよせ始める。一人でやらせるにはあまり気の毒で皆糞をつかむことにする。臭

くてぐにゃぐゃしてまだ温かい。皆でしかめっ面をしていたが、一人笑うと皆げらげら糞をつかんだ手を合わせて笑いだした。私の家には竹や木材が沢山おいてある。そのうち大きな竹のふしを両方とったのが捨ててある。それの中に糞を詰める。どうせやるなら徹底してやろう。こうなったら勇気は臭気よりも強い。竹に糞をいっぱい詰めて門のすぐ前にしずかに竹の棒で糞を押し出す。人間の四人分の糞だ。その横に新聞紙を大きく切って糞をおしつけ門にも手ですこしこすりつける。そしてその日は帰る。

明朝、こっそりとそれを見に行った。門はあいていた。糞はそのまんまだ。大人にも出来ないほどの大きさの糞の前で近所の人が集まって評議していた。二、三日後の地方の新聞の片すみにやっぱり記事がのった。

「天狗の糞か、門に巨大な糞」

こうして、いたずら盛りの復讐は成功した。山口も私たちも幼かったとはいえ、あの家の人達にはすまない事をしたと思っている。

遠賀川にもすまない事をした。暗い中、皆で手を洗って万歳などをしたことを。

糞の話ついでにもう一つ。直方駅の便所のきたなさ臭さには閉口した。大きな便所の汲みとり口は外に面し、夏など白いうじがはいずり廻り、足もとにまではい上っては、また落ちて白い便器は黄色く染まり、新聞紙は山のようにつまり、あまりの惨状にわざわざ遠まわりして避けるような場所だった。現在は立派な駐車場が建ち、昔の面影を知る人は少ない。

33 防火用水

各家庭には必ず防火用水という水槽が設けてあり、四角だの丸だのいろいろの形が面白かった。夏にはどの水槽にも魚が入れてある。小魚を入れないと蚊の幼虫がたちどころに湧いて困るからだ。小魚が死んだ家の水槽ではぼうふらがうんざりするほどいて、子供たちはその動きの面白さをじっと見ている。学校帰りには防火用水槽をみるのが楽しみであった。一つ一つ違った形で、それも金魚がいたり水草などが植えられている所もあり、釣り糸をたらして叱られたこともあった。

昭和二十年八月七日、広島にピカドンという原爆が落とされて数万人の尊い命が奪われ、次いで長崎に落とされて数日後、日本は敗戦、と時代は一変した。世界に類を見ない大量殺人兵器を使ったアメリカ。その後何十年とたっても一発も原爆は落とされた事はない。あの防火用水槽のまわりに、また、その中に群がるようにして水を求めて死んで行った写真を見て、もう二度と戦争はごめんだと思った。結局私の町では防火用水槽は何の役にも立たなかった。それらは次々と取りこわされ現存しているものはない。

34 スローガン

日本人はスローガンが大好きだ。言葉が枠に収まって俳句のように語呂がいい。官公庁、警察、学校にも一番見える所にかざられる。今はスローガン、昔は標語といっていた。戦争でスローガンなんて言葉も禁止され、ベースボールは野球、ピッチャーは「投げる人」、キャッチャーは「受ける人」、ベースは塁《るい》、ボールは「球」などとされたが、そうしてまで野球は楽しまれていた。やがて、それもできなくなったが、スローガンつまり標語そのものは益々さかんになった。

その始まりは東条元帥が日本海海戦で発した「皇国の興廃、この一戦にあり」にあると言われていたが、そこからこの敗戦に至るまでの標語は日本の姿をよく表している。

「産めよ増やせよ子宝を」「一億一心」「神国日本」「負けじ魂」「鬼畜米英」「欲しがりません

勝つまでは」「勝って兜の緒をしめよ」「一億玉砕」に至るまでその年々の戦況に応じて変化していた。そして遂に昭和二十年の八月十五日に帝国日本は、それまでの標語を全て捨て、次なるスローガンに移っていくこととなった。

35 肥後守《ひごのかみ》

肥後守という小刀があった。私達が子供の頃は小刀、日本刀、鉄砲などは極く平凡な家庭にもあった。銃刀法などあってもなきが如くで、私達のような小学生も肥後守を、いつもポケットに入れていた。これで人を刺すとか、殺すとか全く思ってはいなかった。護身用でも何でもない。今でいうと折りたたみ式のしゃれたナイフで、頭の先にちょっとつまみがついている。その中には鋭い刃のついた先を三角にした刃先が顔を出す。

今日でいうならボールペンを持つような感覚で男子のポケットにはなくてはならないものだった。鉛筆をけずるのも、木や竹の細工にも何にでも役立った。肥後とは熊本のこと。でもどこで作られているか知らないが日本全土に出廻っていたのは確かである。

山登りの時も川辺で遊ぶ特も役立った。小さい者は小さい寸法のもの、大きい者は大きい寸法で同じスタイルが用意されていて、ナイフといえば肥後守という時代であった。

黒ぬりの表にはくっきりと肥後守と書かれ、真白い刃は折れ曲がりに強く日本刀のような強靭さを持っている。たとえ刃こぼれをしても砥石で砥ぐとまた元通りになる。刀がさびて黒くなっていてもいつでも丈夫な刃は、少々のへまをやっても良い切れ味がある。

そんな時代が長く続いていたが、物事はより便利、手軽さを追求していき、道具は道具としての機能を充分に果たさなくなった。鉛筆を使う者が減り、ボールペン、部屋には電動鉛筆けずりが置いてある。そうなると人を傷つけるおそれのあるナイフ、鉛筆けずりに使われたナイフも不要になり、人をあやめるからと、携帯は禁じられ今では出番がなくなった。文具店にも置いてない。刃物店や何かで時々みかける肥後守。私はそれをみて思わず二箇も買って帰る。製造元はまだあるらしい。

36 煙草、酒

煙草も酒も配給時代となる。配給とは言っても統制である。統制はひどく、ほとんど配給がないのも同然だった私の父はどっちも好きで止められない。幾度か断とうと考えたことがあったらしいが二日もするともうたまらなくなり、ついつい手を出してしまう。手を出したいが物がない。物がなければ何とかして手に入れる方法をとる。酒はどうにか耐えられてもニコチン中毒はもう治しようがない。

私は時たま商店が売り出しを行うというと、朝一番に起きて並びに行った。年とった人ばかりの中にただ二、三人の子供がいる。でも小さな子供には煙草屋が売ってくれない。親の代りに並ぶ非力な子供のやるせない気持は誰でもわかるはずだ。後から並んだ大人には文句を言われ、押しのけて割り込んで来る人もいる。こんな時はやるせない。早く父に来てくれとひやひやしながら順番をまつ。

そんな時父が走ってやって来て、「ごくろうさん」と声をかける。父が帰って来て煙草を一箱みせる。「ホーッ」とする。途中までしか買えないで、がっかりして帰ってくる父をみたこともあるからだ。

こういう風景も見られなくなる。煙草も立ち売りは禁止されて並ばなくてもすむ。しかし、それは煙草を吸う人にとっては大打撃となる。

木の葉や松の葉を干したものを吸う。ニコチンがないので、すぐ止めてしまう。朝鮮朝顔の葉で頭がおかしくなったとかいう人まで出た。

しかし煙草なしでいられないのが重症の喫煙者だ。モク拾いという職業でないような職業の人から買って吸う。「バット」がなくなり「金鵄」になる。「金鵄」の模様は入っているが煙草は全くちがうだき合わせ。それでも買って喫《の》む人が多くいた。

列車では車内禁煙になる。禁煙となれば駅の前では吸ってる人も煙草を消さねばならない。いやいやながら、ぽんと煙草を捨てる人、まだ火が残り、燃えている。それをすかさず拾う人。フィルターなどついてない。一口吸ってまた捨てる。それを今度はモク拾いが、ちょうどよい寸法の杖に、先のとがった専用のモクさしで刺し、手でもんで、袋の中へとしまいこむ。全く見事な早業師。それぞれの煙草の銘柄もかまわない。たまった各種の煙草はみんな、「金鵄」と印をおされ、愛煙家たちにわたたっていった。

そうするうちに今度は手製の煙草巻きが売り出された。煙草のほぐしたものを英文辞書のやわらかい紙にのせる。その紙の端にのりを少々つけて、機器にのせ、ぐるりと手で廻すだけで巻煙草に出来上がる。二、三度失敗をくりかえすだけで、後はかんたんに出来るようになる。こうまでしても重症の人は煙草を必要としている。だから私は今日まで一度も煙草を吸わない。

酒もない。飲むと危いと言われているメチルアルコールに手を出す。目に障害がのこると言われている。盲目になった人も近くにいた。それでも死ぬまでメチルを飲む。そういう人が多かったようだ。

ヒロポンも戦争が終わる前から流行した。特攻隊員がこれを打ったという話が盛んになった。敗戦後は一般の人にも被害が出た。これは今で言うシャブのようなものであったろう。有名な作家や画家達がこぞってはまった。そして死んでいくのも多かった。この頃、今のように常用しても人を殺すとか犯罪をおかすとかの話はなかったような気がする。

37　栄養失調

何でも配給という時代につき進む。配給だけで人命をつなぐことは不可能だった。ヤミ商人を国賊と言い、いみ嫌ったが本当は日本人は皆ヤミ商人のお蔭で生き続けてきたのかも知れない。

ある高名な裁判官夫婦が配給だけの品物で暮らし、栄養失調が進み、遂に餓死したと新聞に載った。他の裁判官や検事は命をつないでいた。結局はヤミ商人に頼っていた事になる。

38　尋常小学校

小学校では私はある時は劣等生、ある時は優等生であった。小学校に入学した当時は、まだ母が父について働いていた。入学式には母がついて来てくれたが、その後の面倒を見たのは二姉であった。私は友達から二姉は母親と思ったというぐらいの年であろう。ちょうど旧制女学校を卒業した姉であるが、年よりもふけてみえたのだろう。

一年一組の児童数は六十五人である。今の人は信じるまいが事実である。小学校四年頃はやっと六十人というから信じ難い数字だ。一年生だけで三百人近くいた。三組までが男の子だけ、あとの二組は女子。男が多くて女は少ない。死ぬのは兵隊の男たち、だから員数が保たれた。ただ一つだけ頭が痛いことがあった。近隣に建った家の息子に六ちゃんがいる。その母親がいつも私にたのんだことは、六ちゃんを連れて行ってくれということだった。

近所であそぶ子のいない悲しい子だった。体は大きいが意気地なしで、どうしても学校へ行かない子である。途中まで一緒に行っても校門の前で立ち止まって泣いている。その子をなだめて連れて行くが、しばらくするともういない。いなけりゃいないで心配だ。だから同じ組になるのはいやだった。六ちゃんは十人兄姉、男の中で六番目、姉さんが何人かいる。弟もいたし妹もいる。中にはさまれ親の愛を下にうばわれてしまう。下の弟妹は病気がち、六ちゃんも可哀そうな子供だった。

六ちゃんのお母さんは美人だった。子供を何人も産み最後の子を産んで亡くなった。幸せの薄い人だった。

六ちゃんの家は大きかった。大きい家には子供があふれていた。お父さんは工場の経営主で、めったに帰って来ない。他に女が多くて帰れないという。家計は上の姉さんが母親代わりで頑張っていた。六ちゃんは学校に来なくなり結局は不良になったと聞いている。一度も学校へ来ることはなかった。六ちゃんの兄さん達は出征した。そのうち、最初に行った長男は帰ってきたが、あとは戦場の花と散った。

担任は優しい男の先生だった。その彼が恋をした。一年の夏休みが始まる。彼の親戚が縁談を持ってきたが、恋は全てをこわしてしまった。

恋の相手は私の二姉。昔も今も恋は恋。愛は憎しみに変わった。優しかった先生は、私に辛くあたる。先生だって人間だ。と言っても私にはそれが判るわけはない。ずっと後になって聞いたこと。いびられた私は先生を憎んだ。私の成績は急降下、５４３２１の順序が昔は秀・優・良上・良・可の段階、私の素行は「可」になった。父も姉も何も言わなかった。二姉一人が泣いていた。

二年生になった。今度は組替えである。組替えの前に先生は他の小学校へ転任した。その後、私が三十二歳になるまで一度も会わなかった。ある出会いがあった。彼は私を「先生」と呼んだ。私のことを知ってか知らずにいたのか、私には判らない。私は子供だったし、その先生は大人であった。先生の顔は変わらない。すこしやせてて髪が真っ白であった。

小学校二年から面白い先生が担任になった。急に勉強が板についた。元々姉もいるし兄貴もいる。兄姉が教えてくれる。そして優等生に仲間入りを果たした。兄姉のある子供はこんな時に幸運である。兄姉のない子はかわいそうだった。

二年、三年はあまり記憶がない。それだけ平穏な毎日だったように思える。年が明け、三月の初めに担任の先生が兵隊にとられ、その後はるか異国の地に果てたという。

担任は女の先生になった。男みたいな人だったが一人一人によく面倒を見くれた。

戦争もひどくなり大げさな我が国の戦果のみが大本営から発表されていた。

しかし私達子供も、ましてや大人達も知らないほど日本が劣勢であったのだ。十六年十二月八日の真珠湾攻撃から嘘のように立ち直った米軍が、太平洋から南洋の島々まで迫っていた。私達子供は地図を広げては大本営発表に合わせて赤く色を塗り、それが全部日本だと思い、中国からインドシナ、海南諸島まで赤く塗っては、日本を偉大な国だと思って安心していた。国内では国防婦人会が発足し、すべてが一丸となっていろんな作業に従事するようになっていた。それだけ男は戦場にかりたてられていたのだった。

39 西瓜とコッペパン

洋館建ての立派な家があった。セメント造りの四角い家で田舎町にはめずらしい家であった。学校が早くひけた時は親友山口とよく見に行った。いつかはこんな家がほしかった。

どこの誰か知らない人がピアノの練習をしていた。それは確か聞いたことのない外国の音楽だ。でもその旋律は子供にもわかる心地よい響きだった。庭ではモンペ姿の母親らしい人が芋畑の手入れをしている。窓辺の楽の音と、美しい女の子となればそれは雑誌の表紙みたいだが、そうは問屋がおろさない。私たち二人の話に気づいたのか、ピタッとも音がしなくなった。

戦時中、その手の音楽は禁じられ、非国民だと罵《ののし》られたのだった。

残念だった。二人で帰るとき洋館の裏に廻って行った。裏には大きな丈夫そうなゴミ箱が置いてある。西瓜の匂いがする。その匂いを、かぎながら二人は言った。

「金持ちはいいな、西瓜喰えるんだもん」

その当時もう一軒も果物屋はなく、西瓜など作ることさえ禁じられ、芋を作ることが奨励されていたからである。

昼食の時間、プーンとパンの匂い。誰かがパンを喰っている。たった一人のパンでもその匂いに敏感に反応する。

パンと言っても、ただのコッペパンであんパンではない。それでも皆びっくりしてパンに群がる。こうなったら仕方がない。その子はもう半分ほどのパンを急いで喰う。咽につかえて咳こんでいた。

朝早く田代パン屋の前に並んだら買えるという。翌朝は学級の連中が何人も並んでいた。私の数人前で今日は売り切れ。くやしいから次の朝もっと早く行った。

「材料切れで、ここ当分休みます」と大きな紙で書いてあった。

外食券という得体の知れない券が存在した。今の若い人は、外食券だから店のおごりで何か腹一杯食べさせる券と思うが、そうではない。

日本が食料難のころに、遠く泊りがけに出張しなくてはならなくなった場合にのみ外食券という特別の配給があった。ところがその当時、食堂なるものがほとんどと言っていいほど、町にはなくなっていて、泊る旅館さえ数少ない。それでも外食券を持っていれば麦かそばぐらいにはありつけた。特別のコネがあれば米を持って行き、それを炊いてくれるようなことも出来たらしい。国民はひもじさにあえぎながら、日本の勝利を固く信じていた。

現代の金づまりの世の中、これが「食づまり」になればどんなにか苦しいだろう。

こんなに苦労して何も知らないうちに敗戦国となり、またまた苦しみの維持で築き上げた日本なのだが、それから先が本当の見ものであった。

40　あずきの弁当

弁当を持ってこない児童が多くなってきた。持ってこれないほど切羽つまった家族が多くなり、毎日毎日が腹がへってしようがない。こういう飢餓の状態のさ中に私の弁当はあずきの弁当である。米にあずきが少々入っているのがあずき飯。あずきの中にほんのちょっぴり米が入っているからあずきの弁当である。見てくれは良い。ぼたもちでも入っているかと友達は思う。そして遂に私の家はスパイだということになった。私の子供のころはスパイは国賊であった。今のようにスパイは格好よく、あこがれの目で見られるものではなかった。スパイ罪といって死罪になるほど罪は重い。

仕方がないから弁当を持ってこない子供に食べさせた。皆、おいしいおいしいと言っている。それも本気でそう言うのだった。

「毎日こんなおいしいもの喰ってんのかよ」

そんな言葉をお礼に言われた時、返事につまったこともあった。あずきの弁当とあなどっていた自分だが、飢えた人にとってはきっとご馳走に違いなかったのだろう。

だがスパイ弁当もそのうちなくなった。実は母には熊本に実家があり、あずきの出来るころは沢山のあずきをもらって帰るのであった。

丸一日かけて、動物列車みたいな客車に乗り、空襲をさけてやっと持ち帰るのであった。当時は統制が厳しく、郵便で送れば没収された上に始末書をとられた。送った先には警察がマークしてがんじがらめ。統制品は軍やヤミ商売の下に行く運命だった。列車にはヤミ屋が乗っていて、互いに連絡して警察や取締官をうまくやりすごす。ヤミ屋に礼金を渡してかろうじて持って帰る。時には臨検でヤミ屋もろともつかまったり、走って逃げて助かったりの笑えない冒険話もある。こうして運んだあずきだから文句も言えなかった。

砂糖でもあれば甘いぜんざいも作れたが、ないので塩を入れて塩ぜんざいにして喰った。これも全くうまくなかった。

汽車さえ走らない日もあった。

そしてスパイ弁当は幕を閉じた。

あずきは遠のいてしまった。次の飯に何か入れないと米が足りない。どこの家にも大根だけは庭に顔を出している。これがおろしにするならもってこいの辛さであるが、米をまぜて煮る。遠くからみると銀シャリに思えるが近くではごにゃごにゃの大根飯だ。

子供たちはどこの家庭でもこの大根飯であるから、大根飯弁当になる。誰も文句を言わなくなった。

私達姉弟は玄米をびんの底に入れて、竹の棒でつつく役であった。白米にするのは決して贅沢からではない。細い竹でついて玄米を白米にすると米糠《ぬか》が出来る。出来た米糠は貴重な石鹸代わりとなり、糠づけの糠となる。またある時は女性のにきび取り（果たしてどうだったか）となり、玄米を食うことよりも糠をとって利用することが得策であった。

大根があるうちは大根飯、芋がある内は芋飯。大根がなくなり芋もなくなり配給もとだえがちになった。

そうすると人間は山や川にはもう物はないと、海を見るのだった。海には沈没した船や座礁した船などが沢山ある。今にも壊れそうな潜水服に身をつつんだ老人が海にもぐって腐れかけたものを運んでくる。臭気ただようトウモロコシの粒である。業者がつめかけ、その場で売れる。じわじわとしめったその粒もそのまま干して町の人達に売れる。売れたトウモロコシの粒は各家庭で粉になった。それは海岸で嗅いだ匂いをそのまま放つ。団子にしても味もすっぱく、汁に入れてもなお臭気はのこった。それでも食べなきゃ体がもたない。

冬場になるとなおひどい。母がどこかで仕入れてきた粉。どうにもならないほど苦い。それはどん栗の粉だった。

時には罐詰が手に入ることがある。船から盗んできた物だとヤミ屋が言う。長方形にかどがまるくなっている。鰯の絵がさびのいっぱい浮いた所にかすかに残る。中には端にさびが浮き、食えないのも混じっている。それでも鰯はおいしくて涙が出るほどであった。日頃、海の魚など口にしない。どんな品物でもおいしかった。

鯨の肉が配給になる。決まって塩鯨だけである。冷蔵庫のない時代だから仕方がない。そんなとき米の配給がない。ないときは麦を食べるがこれまた麦飯と違っておいしいものではない。鯨の塩づけは辛い。塩鱈も塩辛く、そのままでは置いておいても誰も手をつけない。時々、なめてみるが臭くてたまらなかった。だが塩鯨を表面に白く塩をふき出すぐらいに焼いて、米飯と一緒に食うと実においしい。普段はだれも見向きはしない塩鯨も飯にそえると、こうもおいしいものかと感心する。一人分が、たった子指と薬指を合わせたぐらいしかないが、筋が多くてかみ切るのに一苦労する。それに味噌汁とおしんこがあれば味は百倍、腹半分。

梅干し弁当を思い出す。長方形のアルミの弁当箱。アルミは塩分がつくと直ぐ腐敗し、弁当箱はすぐ穴があく。ふたでも穴がふたつみつ。穴があいても昼食時に熱い鉄びんの湯をそそぐ。穴からしわごわっと湯がでて落書きだらけの机にしみる。

あわてて飲み干しやけどするのも、皆楽しい昼弁当。弁当のない子供は、誰かくれないかなという顔であちこち見渡している。

梅干し弁当でもこった弁当もある。真ん中に一つと学校では決められていた。それでも下の方にもう一つかくしてある者もいた。梅干しの周りに海軍旗のように赤い紫蘇《しそ》を敷いている子もいた。すると紫蘇だけでよいからと弁当のない子はにじり寄る。

「ほら喰っていいよ」と誰か言う。すると弁当なしの子供は少ししか残っていないが顔をつっこんで食べている。

梅干しの種は誰も捨てない。捨てる場合は必ず誰かにやる。男の子同士、箸も洗わず種をやる。もらった方はバリっと音をたてて種の中に入っている実をうまそうに喰っていた。何にもなかったように、その午後の時間までなわとびや走りっこをしていた。

先生はこの頃になると職員室で弁当を食べていた。

41　天皇

アメリカにB29が誕生した。これは米軍航空隊の最新鋭の重爆撃機であった。それまでB27が爆弾を積んで日本各地に落としていたが、B29は航続距離も長く超大型である。多数の焼夷《しょうい》弾《だん》を積んで日本の街を灰にし最後は原爆を広島と長崎に落として戦争を終了に導いた飛行機である。今時の人はニューミュージック系の楽団か何かと思いちがいするだろう。

戦争が機械化され科学化されていた時代。我が帝国日本はいまだ天皇制を唯一のものとして奉り、学校の積もる行事も天子様という存在に動かされて、すべて廃止され、国全体までが奉仕作業に切りかえられていた。

学校行事は天皇のためだけのものになり、子供たちは「滅私奉公」を教えこまれていった。学級行動は学年行動に変わり最後は学校行動となり、校長や教頭が指揮をとるようになっていった。「英霊」と言われる戦争で亡くなった人の家の葬儀にこぞって参加したり、学校行事はもう何一つ行われなかった。運動会も、町の祭も、修学旅行も、遠足も何にもない。「戦争」という文字一色の世界へと導かれる。文句を言うとスパイ罪。

九州にも雪が降る。山も川も家も真白になる。地球の温暖化どころでなく、着るものもない時代であった。また、たしかに雪が積もることは多かっだ。

雪が積もると腹のすいた子供達にもっと不運な指令が出る。四年生以上の児童は、外へ集合。そして冷たい雪の中、「雪中行事」である。

何ひとつ良い事はない。雪の積もる校庭をあとに、教頭が自ら先頭に立って街中を行進する。この教頭は最近退役したばかりの元少尉である。この人には校長も一目も二目も置いている。ズックは破れ、下駄の歯は折れ、足袋《たび》の破れが雪と氷を吸いこんでグチャグチャと音をたてる。

泣くに泣けない。泣けば先生がとんできて、ビンタを喰らわす。もう小さな軍隊である。ようやく終わって学校の校庭に集まる。続々と落伍者が追い立てられて帰ってくる。皆顔は土色に変り、普段でも寒い校庭に立たされる。

「ああ、もういやだ」と心の中でつぶやいている。

やっと説教が終わって解放される。足は真っ赤になっている。ひび割れた足から血がにじんでいる。霜焼けの子供はなおつらい。その冬は治らず春になるまで待たねば治らない。

私が五年の頃「鬼畜米英」という標語がどこにでも貼られていた。白人と言えば鬼畜である。鬼畜にそっくりな子供がいた。俗にいう「白子」である。この子に罪はない。皮膚の色素が欠落して色が真白で髪の毛までうすい。彼のあだ名は「鬼畜」とついて、何かしら白人と思われて悲惨な目にあっていた。

校長の言葉は天皇の言葉、先生の言葉も天皇の言葉、天皇のすること、では自分の言葉は誰の言葉だろうと思ったりした。だから天皇は神であって、神のいう事は何でも正しい。そういう時代であった。

42　奉仕

私の家からはるか遠い福智連山の北側に一つ、急な山が見える。五年生頃だった。その山のどこかに高射砲陣地をきずくために大量の砂とセメントが必要になった。さっそく奮い立ったのは、元帝国陸軍少尉の教頭であった。

号令一声、私の小学校だけではない。市の三つの小学校高学年の児童に、各自砂袋を用意して登山ということになったのだ。私は当時六年生だが、五年生までかり出されてしまったのには驚きをかくせなかった。親達も参っただろうが、こうなっては仕方がない。大きな児童も小さな児童も、自宅で作った丈夫な砂袋を持って川辺に行き砂をつめた。

数百人が列をつくって出発となった。晴れた一日が涙の一日となった。山の中腹まで来る。もう五年も六年もない。ただあえぎながら袋を持った男の児童が登っている。ある児童はしげみの中で袋から砂を落とし、ある児童はもう半べそをかきながらはい上る。先生達も所々に立ってそれを見る。ただ見てるだけで、もう何も言わない。先生達は倍もある袋を背負っている。大きな砂袋を地べたに投げすてて、動けないでいる先生もいる。片道六キロもある。六キロといっても山に入ると十メートル行くのも困難な崖もある。砂袋ははじけ、穴がみえ、ダラダラとこぼれる。そして最後につけた砂だまりには例の元少尉が待っている。苦役だ。過重労働だ。たどりついた児童は、わずか四十人ぐらいだったと思う。私は、その中の「誉れの人」とはなれなかった。今も街の彼方にその山はある。思い出しても、その山の名さえも覚えない魔の山である。高射砲陣地は出来たというが、空に向かって射つ音は、ついに聞くことなく、戦争は終わった。

昭和十六年十二月八日、日本が「鬼畜米英」に宣戦を布告してから、大本営発表の戦果に目を見張りドイツ、イタリヤと共に世界を征服するという大きな夢を描き、「欲しがりません、勝つまでは」と信じていた日本の人達は、井の中の蛙だったことを、敗戦という現実によってしか知ることが出来なかったのである。

43　軍国・歌

この戦争を大東亜戦争と言っていた。隼《はやぶさ》戦闘機といって当時の日本を戦勝に導いた「加藤隼戦闘隊」という歌が出来、映画は全国民が見に行った。当時日本一の美男俳優上原謙が加藤隊長になり、敵機を次々と射ち落とす。最後に部下の機をかばって、自分が戦死するというストーリーであった。上原謙は、もう今はすっかり成長して、いいオジサンになった加山雄三の父である。二代目の看板スターだが今知る人も少ない。

「エンジンの音　轟々と、隼はゆく雲の果て　翼《よく》に輝く日の丸と、胸に画《えが》きし若鷲の印は　我等が戦闘隊」

実話であったらしいが果たしてどんな人物かは知らない。そうしている間にアメリカではグラマン戦闘機が出来、日本の戦闘機は完全に遅れをとり、遠賀川の端にある芦屋飛行場には一台の飛行機の姿も見えなくなり、「轟音」は米軍飛行機の発するエンジン音に替わってしまったのだ。

国策映画は次々と出来た。『轟沈』という潜水艦の映画、そして現実に轟沈しているのはレーダー設備のない世界に誇るとされていた大日本帝国海軍だった。

歌もない、もう歌う気力と体力のない日本人は授業の代わりにイモを植えたり野菜の手入ればかり続いた。しかし収穫を受け取ることもなかった。

遠賀川も野辺の景色も変わってしまい、どこもかしこも畑になり、土手には芋のつるが茂り、川も増水すれば必ず洪水、堤防は決壊という大惨事を引きおこす。川の水辺には石炭のくずが浮く。それでも誰も行政の責任として追及することの出来ない日本になっていた。

学校に行かない児童が増えた。教師は教師で土手の作物をつくる。毎日が灰色のような生活になっていた。

44 サイレン

学校に行こうとしているとサイレンが鳴った。今では救急車かパトカーだと判るようになっているが、敗戦後数年間はひどく恐怖を感じる音だった。「ウウウー、ウウイン」と途中でちょっと切れ目のあるのは警戒警報だ。「ウウウン、ウウウン」と小きざみが空襲警報で、長く「ウーーン」と鳴るのが警報解除だったと思う。今でも寝ぼけてサイレンを耳にすると、一瞬ひょいと起き上がる事もしばしばだった。

ある時空襲警報が鳴りひびき、遠くでダダダダと機関銃の音がした。四姉が家の防空壕のふたをあけた。斜めのふたをあけると二重の扉がある。扉は重くてとても丈夫に造られている。爆弾以外なら何でもない。壕の中はしめっぽいがゴザが敷いてありヤカンが一つ置いてある。真っ暗な中、ローソクに灯をつける。火は欠かせない。中は狭いが別の世界に来ているみたいで面白い。母は防空壕に入らない。なけなしの米をといでいる。しばらくして音がする。母が入ってくる。熱い炊きたてを大きくにぎったおにぎりだ。母は死んだらめしも喰えないからと、わざわざ飯をつくっていた。約一時間もすると解除のサイレンが鳴る。どこかで焼夷弾が落ちたらしい。父の事が気になる。三姉は市役所に勤めている。二男は兵隊にとられて行方は判らなかった。私の家族はたった五人家族になっていた。

空襲警報が長い時は、私は空を見るために外へとびだす事もあった。アメリカの憎き飛行機が編隊で飛んでいる。あの、苦い砂を運んだ高射砲陣地からも反撃はない。悠々と日本の空の上を飛んでいる。わが軍の遠賀川周辺には芦屋航空隊がある。飛びたつ気配もなかった。私の町の工場なんか見向きもしない。一発の弾丸も落とさないで通過していった。いつもこういう敵機の姿を見てもそれが度重なると子供の私達は怖くなくなる。川の向こうの田圃《たんぼ》の中に何か落ちたらしい。飛行機ならすごい爆発音がする。何か落ちて田に穴があいた。誰も死なないし、誰も見に行く人もない。この街は戦争にも見放されているのではないかと錯覚すらおぼえる。B29の来襲はことごとく日本の重要都市を粉砕していった。しかし私の町には決して落ちない。B29は高射砲でも届かない高さにいるという話だった。こうなると子供達は飛行機の数を数えるというような、つまらぬ遊びをした。

45　B29

私の親友の山口は、家を改築して近くに引越して来た。この日、めずらしく日本の戦闘機が二機飛んできて、B29と闘いを始めた。二機共に白煙をまいて落ちるのを見た。しかし、敵機にも損害を与えて最後尾のB29は大きくかたむき私達の方に近づいて来た。表現は悪いが二人に向かって落ちてきたように思えた。あわてふためいて二人は自宅の防空壕の中に逃げこんだ。怖かった。恐怖におののく二人は、中にいた四姉にだきつき小さな身をふるわした。その時、地底をゆるがすほどの衝撃が走った。そしてその後でドカーンと音がした。音と衝撃は同時には来ないとその時思った。

「助かった」と思わず三人は同時に言った。

母が家の中にはいない。急いで台所に行くと、腰が抜けたようにすわり込んでいた。

私は消防団まで山口と自転車をとばした。団員たちは用意に手間どっていた。自動車を運転する人がまだ来ていないと言っている。飛行機の落ちた現場は植木の中島橋だという。「大変だ。橋が失くなっている」そう思って自転車をとばす。私の家の自転車はその頃、長年の使用のため、タイヤは外れ、どうしようもない状態であった。見かねた父は、工事に使うゴムのホースを前の車輪に巻きつけ、かたい針金でホースに孔をあけてつないだ自転車で、どうにか体裁をささえた。世界に一台しかない自転車である。

あっちこっちから男の人がかけて橋の方へ行っている。私達二人は交互に自転車を押しながら、乗りながら現場に急ぐ。

二人は汗だくになり自転車のおかげで子供では一番乗りだった。地元の消防団の人がもう来ていた。

橋の中ほどに中洲があり、その下に大きな山のような物が燃えていた。あの太い翼も吹きとばされて、そこにあるのはただの塊である。橋は少し損傷はしているものの全く無事といっていい。不思議なことに、あと一メートルの所で中洲に落ちた。橋の上にいろいろ散らばっていた。消防団員のすきを見て五十センチぐらいの大きなガラスのようなものを拾い急いでかくした。煙がもうもうと立ち一部が燃えていた。橋の真ん中ほどから何か見える。赤い色をした女のブーツ。いや血で染まっていて本当は黄色いのだ。その中には足がぶち切れてめり込んでいる。ようやく消防団が来て橋の上にロープを張る。向こう岸にもロープをはり、見物人は橋から追いはらわれる。その橋も近年建てかえられてほとんど同じ場所へ大きな新しい中島橋は出来上がった。私は散歩で通る時、必ず、そのブーツのあった所を見てみる。草のおい茂った中洲はそのままである。

私と山口は帰り道を急いだ。道すがら誰もがどうだったと聞いて走っていった。自転車はついに針金が切れて、真っ白いホースは外れ、それを大事に持って帰る。前輪がジャリジャリと半アスファルトの道で鳴る。後輪は何とかもってはいるが空気がへっているらしい。荷のせにつけたガラスは黒いしみがついている。

橋で拾った折れたガラスは、その当時はまだ日本になかった有機ガラスであった。B29の窓にはこの丈夫な有機ガラスがはられていたのだ。こすると何とも言えないおいしそうな匂いがした。今のプラスチックに当たるものなのであろう。そのガラスは中々割れない。だが鋸《のこぎり》で切れる。学校に行って友達に分けてやる。先生まで有機ガラスを欲しいと言うので、分けて上げて得意になっていた。

46 農民

「百姓畜生でくの棒、肥《こえ》だこかついで金貯めて」と、農民の子をいじめた記憶がある。白い米の弁当を持って来ると皆がいじめる。いじめられておどかされて弁当は空にされる。農民の子に生まれたばかりにいじめられる。

その頃の映画に、ある農夫を面白おかしく茶化したものがあり、立派な着物を着た農夫がカカシにもモーニングを着せ自分の腕に何個も腕時計をしている姿が映り顰蹙《ひんしゅく》を買っていた。「アノネ、オッサン、ワシャ、カナワンヨウ」というようなギャグを高勢実乗《たかせみのる》という俳優がとばしていた。しかし「カナワン」ということばが日本の国情に合わず、そのうち姿を消していった。

そんなことだけでも小学校の生徒たちは「あのねオッサン」の真似をして、農民の子をやっかみ半分にからかうのであった。

親たちは銀行から金をおろしても、その金では何も買えず、生きんがために着るものも、身につけている品物までも農民に渡して米や麦と交換していたのである。だから農民に罪はなくとも悪者にされ、肩身のせまい思いをしたのであった。

もう大日本帝国は機能を失っていた。その頃、油山事件という恐ろしい事件がおこっていた。生体解剖事件とも呼ばれている。かの私が見た最後のB29に乗っていた米兵士二人だけが、落ちる寸前に機から脱出に成功はしたが、下で待つ日本人に暴行を受け、半死半生になった所をまたもや憲兵隊に引き渡され、あげくの果てには福岡の油山という所に連れて行かれ、そこで生体解剖という恐ろしい実験の被害者となり肝臓は九州大学の教授や研究生が試食したと言われる。世にも考えられない話である。これは遠藤周作の『海と毒薬』という小説の資料にもなっていて、事実である。敗戦後の裁判で実刑を受けた教授もいたし、当時そこの研究生で参考人といわれた人に直接聞いた話である。

47 ドベタン

食料がない。山野になければ最後は川という。小さな子供の頃、この遠賀川は美しい川だった。川は一級河川で川幅も広い。

それが日本で一番の汚ない川になった。川の流れは茶褐色でどぶ色をした石炭川となったのだ。だからぜんざい川ともよばれたのである。

川のよどみは石炭掘りの穴で、一時は数十の炭坑が出来、炭坑労働者は掘り出した石炭を地元の川で洗う。その下流には遠賀川が流れ、炭坑の増す数だけ水が汚なくなっていった。洗炭した石炭は列車に積みこまれ、続々と増え続け洗炭のカスは地元の川にたまり、遠賀川には石炭の微粉末が流れこみ川岸に炭層が出来上がるのである。

それをドベタンと言い、多少の煙は出るが、乾かすとよく燃えて立派な燃料となる。ドベタンを子供や母親達がバケツに入れて持ち帰る。もちろん重くてへこたれる。しかし家でおにぎりのように丸めて夏の陽に干すと「どべ炭」が出来上がる。ドベタンは元は石炭だから火のつきがよく、誰もがこぞってドベタンを持ち帰る。

子供達は真っ裸になってドベタンにつかる。夏の陽に当たってちょうどよいかげんの泥風呂である。ドベタンに埋もって目だけが光り、まるで黒人のように見える。それにあきると流れのある所に行って体を洗う。早く洗わないと流れの中の炭じんが身体について泳いでいるように見える。チンチンに毛のはえかかった所だけが長く黒い線になって見える。

こんなドベタンを売る商売が出来る。すこしは配給ものの石炭もあるが、子供のない家は取りに行かないから、商売人の形のよい手作りのドベタンがよく売れた。

川は人によって汚されても、まだ人の役に立っている。

遠賀川はそんな川だ。

そして戦後の何年かまで続けた炭坑も閉山の時期を迎えた。失業者も多く出た。そして筑豊炭田地帯は終わりを迎えてしまった。

48　遠賀川

私の大好きな遠賀川は直方市から始まる。市の上流は嘉麻川と彦山川とが合流して遠賀川となる。ここから下って、植木という町で犬鳴川と合流する。石炭産業の中心地であるその周辺の川から流れは褐色に変じてしまっている。

川は変わっても魚は豊富であった。休日になると、父と一緒に魚とりをした遠賀川。しかし「つっぽ網」を引くのは私であり、父はバケツ持ちに変わっていた。父の頃のように手つきは旨くはないが結構魚はとれた。

秋が来た。稲刈りが終わる頃になると遠賀川の水がなお一層褐色に見えた。その川沿いに小さな用水路があり、そのどぶででっかいどじょうが手づかみで取れる。どぶの中でひざ下ぐらいの中をくねくねとどじょうが蠢く。素手で泥と一緒につかみバケツに放り込む。

その時、どじょうと思っていたのが大きなみみずである。その姿が泥と一緒なので正体は判らないが、つかんでみて大みみずと判った。もうその頃は父の遺伝子が私に移っている。大嫌いで、見ただけで体が恐怖でちぢんだ。ついどじょうの一杯入っているバケツをひっくりかえした。これで二時間ほど一生懸命にとったどじょうも皆逃げてまた泥の中に逃げこむ。

海老もよく釣れた。釣りはしたいがみみずは怖い。そこで近所の子供を連れて、えさつけ専用に使った。釣ったえびはまた子供の世話になる。子供には訳がわかって来て私のすわっている腰のあたりに、にょろにょろとする赤いみみずをわざと置いては私を驚かした。

釣った海老は煮ても焼いてもうまいものだ。ただ注意しないとみみずまで飲みこんだ海老もいる（かしれない）。母は何とも感じないのですぐに料理してしまう。私と父だけは海老は喰いたしみみずは怖し、でも最後は喰ってしまう。母はただ笑って私達を見ていた。

海老釣りに時、たまに鮒が釣れたりする。まぐれではあるが、かなり大ものだ。急いで鮒を持って帰る。父とつくった庭の小さな池に放つ。一週間ぐらいたつと鮒が喰いたくなり、魚の料理は父がする。魚の仲買や訪問販売もやったことがあり、おいしそうな手料理が並ぶ。私は生魚は決して喰わない。海でとっても川でとっても新鮮で生きていても生魚はだめである。父は煮物にしてくれている。昔はこうではなかった。何だか悪いような気もする。父は本当は優しい人だったのだと思う。

ただし私にはたった一つ例外がある。海の河豚《ふぐ》である。理由は河豚は白い肉だからだ。血の気がないからである。そうでなくても時には、河豚を鍋にして食べることもある。関東や関西のような薄切りの料理ではなく大きくぶった切る。免許もあるから何も心配はない。あとは雑炊を食べる。この河豚雑炊もまた変わっている。じっくり煮つめて汁気をなくす。そこで火をとめ卵を入れて、かき混ぜないで喰う、これが我が家の河豚の食べ方であった。

秋深くなると川の水がかなり減る。川の中はもう冷たい。夕暮れになると近くの中洲まで水糸を引っぱる。紡績糸と言って「凧」をあげるのに使うものである。紡績の三、四センチ毎に針を数十本たらして、えさは蛙のぶち切りや生魚のあまりをつけて人の見えない所に先の方をつないでいく。夜の川は無気味で汚れていてうす気味悪いが糸を頼りに、また、元の所へと引き返す。懐中電灯だけが頼りだ。

朝起きると、冷たさも倍になっていた。川の中洲まで行く。父が糸を引いている姿を見ただけで魚のかかっているのが判る。大きななまず、うなぎ、時には大鮒もかかっている。夜の間にこんな大きいのがえさを喰いにきて針を呑みこむのである。

だがすこしでも早起きしないと、何もかもなくなっている。誰かが人の苦労も知らず、持っていってしまっている事もあった。

川の流れも昔にもどった。しかし、長年の汚れと、それに追い打ちをかけた農薬のせいで魚の生態がまるで変わった。今や一匹の海老も釣れない。

川には昔と違った釣り人たちがいる。ルアーでブラックバスを釣り、かかると逃がす。みんな川に捨てる。バスは益々大きくなり川の小さな可愛い魚たちはそのえさになる。昔の遠賀川は良かった。

49　台風(2)

遠賀川は普段はやさしい川だ。私達の心をいやしてくれる。遠くに福智連山を配し、この何百年と美しい姿は変わらない。だが台風の時期になると荒れに荒れる。普段から濁った水は黄色く変身し両側の堤防すれすれにすさまじい勢いでおそいかかる。こうなると川幅は六百メートルぐらいに広がり流木や小屋、またある時は家まで流される。時々堤防が切れた。そうすると川は一気に家の屋根にまで達した。ぷかりと土台から漂う家もあった。これほどの被害を想定しない人達は、前もって出された警報を無視していて、濁流うずまく水の中を必死で泳いで高台にやっとたどりつく。オートジャイロ（ヘリコプター）など聞いたこともない時代、屋根までやっと逃れた人達は、やがて市の調達した木舟で助けられる。時には死者も出る。死者は片付けられることもなく、とにかく生きている人を助けるのが先であった。

やがて雨もおさまり堤防も土入れが始まって川は水が引いてくる。しかし平地に流れこんだ水はそのままである。ずたずたになった電線も直り、やっとポンプが動き出し、ようやくどうにか素地が見えてくる。そして、家の軒下にはきまって死んだ若い男の死体が哀れをさそう。着物ははだけて、丸裸の状態で黒くなり、ふやけて少しふくらんでいる。消防団の人達も、それをゴミのように運んでいた。彼等も疲れ果てているのだ。

小学校に避難した人も腹をへらし、風邪を引き、それがもとで死んだお年寄りもいた。川は非難の対象となるが、川に責任はさらさらないと思う。何万年何十万年という長い間に人を守って来たのだ。悪いのは行政で、川を守らなかったからである。

ところが戦争中はそれが出来なかったのだ。美しい川は、汚なくなっても、それでも人間達を育んできたのだから。

どこの川でもそうだろうが、遠賀川にも河童《かっぱ》がいるという伝説がある。河童の像が今でも川筋の広場にかざられて河童家族の可愛いらしい姿を見せている。

子供は河童が出ると信じ、そう信じている大人もいる。私達の子供時代には、河童の顔はすごく恐ろしいもので、一人で川に行くと河童が出て来て尻の穴から手を入れて、臍《へそ》をぬくと言われていた。一人で川に近づかないように大人が注意する意味があったのだろう。今時の子供には通じない。

50　酒よ

当時ビールは、現在のように広く一般に飲まれるものではなかった。アサヒ・キリン・サッポロ、ヱビスビールなどがあった。ビールは結婚式や礼事などの特別な飲みもので、一般のサラリーマンなどは日本酒を愛好した。ウイスキーは純国産で高級品、とてもとても一般人の手のとどく値段ではなかった。

日本酒は二級酒。それが「通《つう》」と言われる人達の飲みもので、その通の上をいく「グデグデ」の人達は自らを焼酎党と言っていた。焼酎をコップに入れてグーッと一息で飲み、塩辛いいりこの頭を喰って酔っぱらい、どこの町かどでも眠っている姿は、今の野宿者によく似ていた。しかし、彼等は昼間の疲れをいやしているだけで、酔いがさめると明日の仕事を持つ立派な働き手であった。世の中はすさんでいても、仕事だけはまだあった。

51　着物

当時の日本人は着るものに苦労した。農家の人は物々交換で、たくさん着る物を手に入れているが、それを着ては仕事にはならない。人造絹糸《けんし》という生地が現れた。その生地は一般的には流行した。たしかに立派な生地で、服に仕立てる。それを着て雨に逢う。ぬれた洋服をかわかす、そうするとチンチクリンの服になる。二、三度、着るとくしゃくしゃのしわがつく。買ったあとでしまったと思っても遅い。次にゴソゴソとした生地が現れる。とても臭い。洗えばよいと話を聞く。洗ってみるが臭みはとれない。塗料の匂いだが絶対にとれない。それでも買ったら仕立てる。何人も臭い洋服を着ていて安心をする。当時はどれもこれもちぐはぐであった。ちぐはぐながら、皆誰も文句を言わなかった。

そんな時代も今はなつかしい。

最前列左から５人目が小学校４年生の著者(昭和17年撮影)

巣立ち

52　旧制中学校

春が来た。野も山も川も色あせて見えた。日本は敗戦に向けて一歩ずつ後じさりしていた。私達はもう子供ではなく、進路を決めなければならなかった。ある者はすでに就職していた。いやだと言っても即に決まって軍需産業の戦士であった。それを除けば学校である。学校制度は今日と違って就職者以外は尋常小学校高等科という組織に組み込まれる。それ以外の極く一部の人間が、入試を受けて、五年制の旧制中学校へ入学する。各小学校の選りすぐりの人間が受験して、落ちれば尋常小学校高等科にムリヤリ入れられる。私の学校から数十人受けたはずだが私を入れてたった六人が旧制中学校に受かった。

受かったは受かったが、授業を受けるわけでもない。南方の島々からは「玉砕」という悲報を聞き、中学の生徒も上級生たちは「予科練」に入る。自爆飛行機の要員を作る所で、優秀な生徒達は喜んで天皇のため国のためと学校を去った。ほとんどの優秀な教師達も召集されて、学校に残る教師は老人か兵隊にもなれない教師たちだけであった。そくのせ一人前以上の事を言い、「一億玉砕」の精神を説くのだった。

一年生になって最初に与えられたのは、教科書でなく、それは原油をしぼるために考案された「松根油」作戦であった。松の根や古株を掘り出して、飛行機の燃料にするためだ。松の油を取るために動員指令が出されたのである（結局は失敗に終わったという）。その当時飛行機をとばすガソリンはもうなくなっていて、軍部の誰かが考えたものである。春から夏の暑い日に、黙々と松の根を掘り出す仕事は汗だくの目に余る困難さであった。

当時は、南方資源や石油を運ぶ船は勿論、「不沈戦艦ヤマト」も海の藻屑となり果てていて、国民はそれを知らずに懸命に努力を続けていたのであった。

53 動員

松根油を掘り出す者の外、各学年の年齢に応じて、国鉄や製鉄所や町工場の兵器工場にやらされた。私は「松根運動」から外されて町の鋳物《いもの》工場で手榴弾の型を作る工場に廻された。

ほっとしたのは一瞬で、大きい生徒は鋳物のるつぼ係になり、私のように小さな者は型をつくる鋳型部で真っ黒になって型を作る作業に廻された。その暑いこと難しいこと、高齢の職工長の意地悪なことは言葉につくせないほどであった。若い学生をなぐりつけ「気合がたりない」とノルマを強調する。学校の教師がいる時は「やさしさ」を強調するどうにもならないオヤジであった。最初は石鹼などもくれていたが最後の頃は石鹼の代わりと、粘土などを出す始末。

テンカン持ちではあるが、頭の優秀な子がいた。大きいのでるつぼ係になった。悲劇はそのうちにおこった。暑さに参ってテンカン発作をおこした。るつぼの横に倒れ込んでブツブツあわを吹いているが誰もとめない。知らせを受けた教師がだき上げて遠くに運んで行った。テンカン発作をおこした生徒は大火傷を負った。私たちは当時テンカンという病気はその人の口からあわが出ると人にうつると思っていた。そのために誰一人助けに行こうとしなかった。その後、彼は火傷が治ったそうだが二度と会わなかった。

54 敗戦

敗戦の日。この日は何のために何故家にいたのか全然記憶がない。ただ天皇の「玉音放送」があるからと、家で聞けと言われたのか、夏休みで八月十五日はお盆に当たるから休みとなっていたのか記憶がない。

何時かも知らないし腹時計も狂いがちであったと思う。
ラジオに耳をかたむけた。ラジオも大きな図体をしているにしては、もうボロを通り越して
ガーガーと音を出している。ほとんど聞きとれない。
「耐え難きを耐え、忍び難きを忍び」というふうに聞こえたのはずっと先のこと。本当にガー
ガーと音がして何のことか判らない。
人に聞いてはじめて判る。判るようで判らない。「戦争にまさか負けるとは」小さな中学一
年生の私には判らなかった。それでもすこし悲しい、すごく嬉しい気持は胸の内にたしかにあ
った。
友達の所に行く。そこのおじさんは気のよい人だが、この日ばかりは何も言わない。
「敗戦」とは思いたくない。休戦か、それとも停戦かとも思う。
日本人の反応はさまざまだ。兵隊に行っている人はどうだろう。兵隊をまだ志している人は、
軍部の人は……頭はそんなことがかけめぐった。
だが天皇の声は、たしかに戦に負けたことを認めている。
天皇は雲の上から人間の世界へ下りてきた。

マッカーサーが日本に着いた。パイプをくわえて飛行機のタラップを悠然と下りて来る。テレビはない。ラジオはこわれ台所には食べるものもなかった。新聞だけが情報源。アメリカ人は聞いていたほど、鬼畜のような顔でもない。

日本人は馬鹿みたいに温和しい。アメリカ人はこれも天皇の言いつけだと信じているようだ。だが実はそうではなかった。もう戦う気力も何もかもなかったからである。

マッカーサー大王を前にして、日本人は恐れおののきパニック状態になる。軍人は腹を切って自殺をした。ピストルで頭を撃って死に切れず、極東裁判で絞首刑になった東条英樹。何というだらしなさ。

「死すべき時は清く死ね」と戦時中は軍部を引っぱり首相として君臨した男の死に様は哀れであった。その英霊は、靖国神社にまつられる。戦死した英霊に申し訳がないだろう。それらの英霊の靖国参りを実現する小泉首相も中国や韓国やその他の国から反発を買う。それでもまだまだ威張っている。靖国神社と別にまつりたい人はまつればよい。それでも政府は動かない。

話を当時にさかのぼる。敗戦当時の日本人は皆おびえ、金持ち達は当時の噂をまにうけて妻子を山奥にかくしたりした。男の人は皆チンポを切られて不能になる、女は犯されてしまい白人の混血を産まされ、日本国民は抹殺されて日本は永久にアメリカの植民地になってしまう、と言われていた。中には日本も今の南朝鮮北朝鮮のように東京から分断されて二分化され日本が二本の国となってしまうとまで言われていたが、それはあとになって事実であったことが判った。それをやらせなかったのがマッカーサー元帥であったと言われている。

しかしアメリカ人にとっても、日本は星条旗の下に入れない植民地だと考えている者が多いのも事実である。日本の各地にあるアメリカ軍や沖縄の基地にしても、日本が軍隊をもたない唯一の国だといって、その国土を守ってあげているといっても、植民地ではないけれども植民地的であり、こうした状態を続けることは今後も変わりないだろう。アメリカは日本を永久に手ばなさないだろう。

55 再び中学校へ

学校へ行ってみる事が一番早いと思った。皆思いは同じだった。みるみる人が集まってくる。申し合わせたように。

何となく暗い教員室。昨日まで暑さであいていた窓辺はカーテンでおおわれていた。学校の教員も何かおびえているんだろう。昨日までの生徒が爆発するのではないかと思っているのだろう。

しかし生徒達もそれどころではない。何か今後の事を知りたいだけだ。閉ざされた職員室の窓が静かに開いた。校長も教頭も顔を出さない。昨日まで話もした事のない教師が代表として話を切り出した。

「あー、皆……本日をもって勤労奉仕の任をときます。皆よく来てくれた。まだ本日はこれと言った方針が出せないので、連絡網で通知する。三日間もあれば連絡が完了すると思うので今日は、引取って下さい」

力のないおずおずとした口調である。同じく力のない生徒をしりめに教師はしばらくして職員室に顔をかくした。

もう互いの信頼もくそもない。生徒は自分の主張もなくただ静かに帰ってゆく。学校はかすれたように思えた。

昨日までの威張っていた軍属の教官たちは、一人もいなかった。当時電話のある家は限られ、ほとんどの家庭は町会の電話や大きな商店のを使ったが、学校の連絡網は遠くの学生達まで確実につたわった。遠くの者や汽車通学の一人一人に教師が懸命に連絡をとっていた。連絡網はそれほど素晴らしいものだった。

学校は九月一日に始まった。教師たちは、もうかの軍属の指示者がいなくて、ほっとした様子であった。教室では早速墨ぬり作業がまっていた。墨ぬりは天皇のことや軍を賞賛することば等を消してしまう事であった。どこを消すのか判らなくなり大事なことまで墨で消したりの連続だった。ただなさけなく、自分の頁を消してゆくように思えたりした。

こんな事柄の一つ一つから中学校の生活は始まった。悲しい現実であった。「いざ来いミニッツ・マッカーサー」という項を消すとき、皆笑った。マッカーサーは日本国の王であったからである。

中学校ではほんの一ケ月前まで軍国主義のかたまりのような先生も、平和とか平等とかを語るようになり、生徒達はそっぽを向くやら白い歯で笑ったりした。昨日までさんざん米英を鬼畜よばわりしていた人が急に方向を変えるなんて生徒としては許し難い事だった。

二学期からあれほどこき下ろされた英語がとり入れられた。教科書はない。ない方がその後の英語教育にはよかったかも知れない。

教師は熱心に英語を勉強したが、日常必要な英語教育を行わない、それで日本人は英語は判る、判るが英語を話せない国民となってしまったような気がする。

高齢の教師の出番となり英語は盛んになったが、英語を研究するといった普通りの英語教育が幅を利かせる事となる。

三学期になり大幅な人事異動となり、校長も教頭も教師もほとんど代わってしまった。私の中学校は旧制ではこの地方の名門校であったが、この改革によってその特色は失われる事になる。

ただ私にとって幸いな事は、担任の教師が英語教師であった事である。老齢ではあるが若い時アメリカに行っていた教師であった。私は変わった。私のただ一人の頼れる教師であり、私の英語に対する態度に注目してくれた。今まで無為に過ごす毎日だった彼にも、ようやくチャンスが訪れたのだろう。私は英語に熱中した。

戦争をもろに体験した先生達もぞくぞく帰って来て私の中学校は目を見はるように変わってきた。優秀な頭脳を持ったかつての生徒達が再入学しはじめた。復員したばかりの人達がそれぞれの学年に入学を許可された。ただ英語には苦労していて後輩の私達の方がすすんでいた。

復員帽といって軍隊式の帽子をかぶっている人達までが、私の教師の課外授業に参加した。彼等は軍隊調で何でも受け答えするのであった。「はい、何々であります」という言葉で面白く映った。

この年、学制制度見直しの動きが出て、私達に動揺がはしった。

小学校六年に続けて新制中学校三年を課すという。アメリカの教育制度にならう、大改正である。私達中学一年生はおどろいた。制度そのものが呑み込めなかった。

56 新制高等学校

私たちの旧制中学校は新制高等学校になるという。階級が上がったのか。そうでなくて下がったのか迷った。学級全体がその話でもち切りになった。教師に聞いてもやっぱり判らなかった。

学習内容もはっきり決まらないままに、私達は旧制中学校の教育を受けた。

旧制中学校はそのまま新制高等学校となることはたしかだが、私達のように試験を受けて中学校に入った者と、新制中学のように無試験で皆入ることになった者とは違っていた。でも私達は旧制中学校一年生、その他は新制中学校一年生。旧制中学の三年生は新制高校の一年生。旧制中学三年生は試験は受けなくても新制高等学校に入学でき、そのまま高校一年生になるとは、考えても考えてもおかしいことだ。今日のように小学校六年、中学校三年、高等学校三年という制度が明確になるには、時間を要した。旧制中学の三年生までは、何か判らないで過ごした者が多かった。

それほど旧制の中学校は価値があり、この移行期に出会った私達ほど不幸な教育を受けた者はいなかった。旧制中学校は難関であった。それ以上に旧制高等専門学校はなお難関であった。そしてその上に大学があった。ところがそれまでの旧制高校、専門学校は、みんな大学ということになる。今まで大学としてそびえ立っていたものは、やっぱり大学と言う。それでもやっぱり学問の低下である。そして、大学は二年制と四年制に分かれた。そして短期大学も四年制大学も大学を出たという肩書になる。その当時の旧制中学生はとまどった。

旧制中学校一年生だった私は頭が混乱した。旧制中学三年になると私達は自動的に新制高等学校一年生になれた。新制高校に入っても、もう、昔の高校ではない。正直いって旧制中学四年にすぎない。旧制四年生は、その当時の移行措置として、新制の大学にしか入れなかった。

もう一年、年を取っている人は、最後の旧制高校、専門学校に入れた。運悪くその最後に残る高専も幕を閉じる。

じれったくもどかしい。新制高校二年の時、私は担任の教師に胸の中をうち明けた。

担任は昔、アメリカにいた事があった。その教師がアメリカ教育事情にくわしく、日本でもいずれはアメリカのように、本人の学年と関係なく大学に入れるようになるのではないかと言う。だが移行措置の日本政府はそこまでは行っていなかった。

私の場合、どうしても旧制高等学校に入って、早く大学を出る必要があった。それは担任教師もよく知っている。実は私の父が関節炎にかかり、当時入院していた。一年も早く専門学校へ入り、一年でも早く大学を出て、学士号を手に入れなければならなかった。

ではと教師はいった。

「ここ一番の早道がある。大検を受ければいい」しかし、いつ実施されるか判らない。残る手は、現存の専門学校の専修科といって、実技を研修するために設けられた施設がある。そこでは他の大学生などと共に英語等を実習する学校があった。入学するのは難しいが入れば優秀な成績の者は二年に特別編入することができる。ただし、本科一年はもう今年になって採らず、新制大学になるので、失敗すれば後がない。

57 専修科へ

よくよく考えた。そして私の十六歳の青春をそれにかけることにした。

私は、学校をやめて、毎晩、教師の許へ通った。英語は自信があった。たった四年ほどの学生生活では、大した事は出来ないまでも、その頃は英語教育が新たに始まったばかりで運がよかったのか、専修科夜間部に入りこめた。更に年長の人の中に混じって勉強をしたのである。

夜間専修科の授業は、当校きっての教授が受持ち、本科のそれよりも難しいような気がした。恩師のおかげだった。きっと本科の二年に合格するという信念が実ったのか翌年本科二年という難関にパスしたのである。

教授会では私の学歴には当然難色を示す教授もいたらしいが、受持ちの教授により合格が決まったという。正につな渡りの手法で無事私をそこまで運んでくれたのだった。

晴れて福岡外事専門学校二年生となれた。

58 最後の専門学校

ちょうどその頃、次兄が帰ってきた。そして卒業まで順調にいく。私の元担任教師は心から喜んでくれた。他人としてではなかった。親に近い愛情であった。その教師も、もう定年を迎えて学校を退職することになっていた。

私は幸運にも旧制に入ることが出来、それと同時に学制改革が始まり、新制大学という今ではどこでもある学校になってしまった。

福岡大学といって、経済専門と外事専門を合併し、その後、学部増設などにより巨大なマンモス大学に変化し続けていく。だが、私は旧専門学校に深い愛着を感じている。

私は二年後、最後の旧制専門学校を卒業する。卒業と同時に教員免許状が送られて来た。「英語、社会」の高校及び中学の免許状。これが私の本当の願いだったのである。国が定めていた基準の合格点に私の学校は合格していて、優れた成績の者には自動的に送られて来る。これも優秀な先輩の旧専門学生達の後輩への贈りものであって、合格校に人が群がったのも、そのためでもあった。

59　父の病気

こうしてまで旧高専のワクにどうしても入りたかったのは、父の病気があったのが最大の理由だった。

父はひどい関節炎になやみ、学資にも乏しい生活の中、すこしでも早く学校を出たかった。また出る必要があった。私の家は、もうその頃、父と母と私の三人だけになったのである。長姉、次姉、三姉、四姉は、もうすでに他家に嫁入りしていた。長兄は相変わらずで子供は四人である。次兄も嫁をもらったものの、嫁に頭が上らないのか相変わらず絵を画いては展覧会に出品しては落ちている。絵はうまいと思うのだが、落ちるのだから仕方ない。

一人っ子みたいになった私は、一年でも早く学校を出て何とか両親のために働かなければならなかった。

子供の頃遊んだ遠賀川の堤防も草花をつんだ原野もなく、戦争のためにと、うなり声をあげていた工場も今はない。枯渇の青春の時代でもあった。

若い頃無我夢中で働いた父。無理がたたって関節炎はなかなか治らなかった。

私は多忙であったが、それでも工事場に行ってみたり雇い人達の生活にも気遣わねばならず、時間がなくて便所の中にまで教科書を持って行った事もある。変な二宮金次郎ではなかったかと思う。

私も大変であったと同時に母の方がもっと苦しみが大きかったと思う。「代わってあげたい」ともらすほど父は重症だった。

60 通訳

夏休みは芦屋の米軍基地の通訳に行った。正門の所にアメリカ人と日本人のガードマン。それはかつては米軍と戦った神風特別攻撃隊員だった。私の従兄が立っている時もあった。顔を見合わせて笑うとアメリカの兵士が何をしていると怒ってたずねた。「ヒーズマイカズン」と私は答える。彼は「ナッシング　ハプン」と答える。アメリカ人にはそれで充分。顔を見て、似ていることに気がついたのか笑って通す。

パスを通してベース（基地）の中に入る。ベースにはいろんな軍人がいる。白人、黒人、黄色人とアメリカには幾多の人種がいる。黄色い人がアメリカの制服を着ている。彼等は日本人であるが日本語をしゃべれない。しゃべれるにしても話をしない。日本の二世は同じ日本に来て、戦勝国民だ。色の白いアメリカ軍兵士よりもずっと意地が悪かった。人間の格差をこうまで如実に感じる場所はなかった。

通訳の仕事もいく通りもあり、特別な通訳は、やはり日系のアメリカ人に多かった。もちろん、彼等と私たち通訳は違う存在であった。

この頃、私は車付通訳をやっていた。車付通訳とは車を使って外人を乗せて通訳をするのとは全然違う。車とは消防車で火災がある時だけ車に乗って日本人の消防士に大声で指示を伝えるという特殊な役だが、普段は何もしないで、机にすわって本を読んだ。一日中何もない。時に親しくなった黒人がやって来て故郷に出す手紙を代筆してくれと言うぐらい。何とかまとめて渡すと、見もしないでコカコーラを置いて行く。

こうして一日がすぎていった。英語の会話は受信専用の受話器が鳴る時だけ、誰にも勝手にかけられない。この時間には学校の英語の勉強が出来た。

一日がすぎると交替が来る。夜勤の通訳と当番表を記入して、ベースの外へ出る。まるで違う世界に来たようでホーッとする。ベースの門前には、めかしこんだ女達が、門を出てくるアメリカの軍人に寄ってくる。正門前を堂々臆することなく立っている。パンパン娘といわれ彼女らは日本人なんて相手にしなかった。「何よ私達は、日本の女の人を守るんだ」という感覚があるからだ。しかし何と言っても金の魅力があったからだ。当時ドルの価値はたしか三百六十円ぐらいと聞いている。

こうして夏休みは終わった。月給は一万五千円。一般公務員の給料は六千円。本当にこんな仕事があったのだ。給料はほとんど親に渡し、辞書やその他の学資にした。この頃は、それが普通で私だけが孝行者であった訳ではない。親を大切にした。私の姉兄にもその心はあったが自分達の生きる方がどうしても先になる。父も夏すぎる頃には大分良くなってきた。仕事は相変わらず多かったが、もう昔ほどの力はなかった。

このような状態で私の学校生活は終りをつげた。修学旅行などもあったようだが、どれにも参加しなかった。

もし私に父の貯《たくわえ》がなかったならば、私は学校を中断していたかも知れなかった。

20歳頃の著者

61　自動車免許

私が十九歳の時、先輩が原動機付自転車というのを買って乗っていた。その頃は自転車に何か知らぬモーターを取りつけて動かしているだけの頼りないもので、それでも近所では、唯一の「オートバイ」であった。私はそれが欲しいが手が出なかった。そうした折に、先輩は新しくバイクを購入するからと、「僅か」三千円で私にゆずってくれたことを今でも覚えている。三千円といえばその頃の公務員初任給が七千円ぐらいになった年だから大金ではあるが「オートバイ」は庶民の乗りものではなかった。

市の警察署に行くと、ちょっとした講習で第一種原付自転車の許可書をくれた。空かける天馬のようにその日は楽しく、軽快な一日だった。晴れわたった秋の空、とても自分の足では行けない所に遠出したことを覚えている。BSモーターと印があるモーターで足でこぎながら車体の真ん中にある手動の押し棒を引くと後ろのリムにゴムでつくった丸い部品が当たって、その回転が後輪につたわり右手ハンドルのレバーを引く。それがつまみ一つの操作で自転車が動くのだ。ガソリンタンクは長広くて荷載せの横につけられて、今見たらたまげる代物であろうが、当時は車もあまり走ってないし、じゃり道ばかりで自転車をこいでいる者にとっては、本当に素晴らしい「乗りもの」であった。

走るといっても大して自転車と変わりはないが、坂道でもじゃり道でも足を動かさなくてすむ。急な坂道ではペダルを踏んで力を出さなければ止まってしまうが、それでも充分であった。それでも二、三年は得意気に乗った。しかし一種では物たりないようになる。一二五ＣＣまで乗れる原付二種が欲しくなる。先輩はいつの間にか五〇〇ＣＣに乗り替えていた。彼の一二五ＣＣを手に入れ、原付二種の免許を取りに行く。市の知合いの試験官がいる。笑っている。これはしめた。手で右や左にまがる合図をする。すこし間違えるが試験官は知っている者には甘い点をつける。難なく合格。私の前に受けたオジサンも後に受けたオジサンも失敗ばかりしている。悪いような気がした。

二種を取ったら次はもっと大きいものに乗りたくなる。

例の先輩が「めぐろ五〇〇」を持っている。免許はないが車だけ先に来て、本気で練習している。練習の合間におべっかを言って貸してもらう。たしかに重いし、原付と違って足で踏むクラッチバーが右についている。難しい。メーカーによって左側もあるが「めぐろ」を買うには訳がある。県の試験場で使われるのは右クラッチの「めぐろ」であるからだ。先輩はもう二度も落ちている。学科試験は通っているので、今度こそはと張り切って、「めぐろ」を上手に乗りこなしている。

受験日、学科試験は無事に通る。実技試験場に行くと先輩がいる。どうも様子がおかしい、「また、落ちた」と言って帰ってしまった。

私の番になる。私はパスした(何とか乗りこなすことが出来たのは先輩のおかげだ)。何だか申しわけない気がした。先輩はその後パスしたがそれっきり車の夢はさめてしまったらしい。

私は次いで四輪に乗りたくなった。軽四輪が流行しだした。スバル、三菱、ダイハツ、マツダが開発に火花を散らしていた。軽四輪免許もその当時、気軽に取れた。私の四姉が軽四輪免許を取った。スバルだった。それに乗せられて、つい欲しくなり、学科試験にも合格した。そうすると本当の自動車がほしくなる。あれだけの短い経験でよくも受験したと思うが、実技試験に合格してしまった。私は軽四輪自動車免許を取るうちにもう次の夢が芽生えていた。思い切って普通自動車に挑戦した。そして、また幸いなことに無事合格してしまった。

世の中にはこうとんとん拍子に次から次と合格する事があってもよいだろうかと、自分ながらに幸運続きの合格にあきれてしまう。勿論それには運だけでなく時代の流れがあった。自動車は昔は買うことすら難しい時代があって、外国製のものが日本の道路を占拠していたのである。その頃の自動車は簡単に免許が取れたはずだし、後になって自動車が変革をとげ日本の自動車産業が世界に認められるようになったのだが、その時の流れ流れに法則も変わるのがあたり前であって、私はその流れの合間にうまくめぐり合せたのだと思う。

今や、自動車地獄の世の中となり、自動車教習所は人の波に洗われている。私の時代は、自動車学校というのはほとんどなかったし、あったにしても、実技のために自動車学校に行かなかった人の方が多いぐらいだったからいつも生徒不足であった。

62 日本のスーパーカブ

日本は、アメリカ合衆国のただ一つの星条旗に入らない属国である。戦後の町には二輪車が蘇り、ハーレーダヴィットソンをそっくり真似たオートバイ『陸王』などが出廻り、すぐにこわれたりした。そうした多数の自動二輪車がこつぜんと現れ、こつぜんと消えていった。百社はあったと思われる自動二輪車はしのぎにしのぎを削って、とうとうホンダ、ヤマハ、スズキ、カワサキの四社にしぼられたのだ。ホンダ、ヤマハよりも立派なオートバイもあったのは確かだが、結局はこの四社にしぼられてしまった。そうして二輪車は発展を重ねていき、その後四輪へと展開していくことになる。その間、『スクータージュノウ』を手がけたホンダは倒産の憂き目にあえぎながら世に出した『スーパーカブ』がその卓越した性能とスタイルで一大センセーションを巻きおこし、他の二輪車メーカーを追いおとして『スーパーカブ』全盛の一大変革をなしえた業績は立派なものであった。スーパーカブは原付自転車という観念を変えたと言ってよいと思う。

富士重工の長年『ラビット』と親しまれたスクーターも、三菱の『ビジョン』という機能的スクーターも、この五〇CCで四・五馬力のバイクとスクーターをかけ持ちにしたような原付一種に敵《かな》うはずなく敗れ去り、四輪車の生産に切りかえた。富士重工はスバル三六〇を世に出し、これも国民の期待に応えて充分な軽四輪として親しまれた。マツダは三六〇CCクーペを出し、それに気をよくして新しい型のスマートな軽四輪を出したが、四サイクルのうえ、車重が重くて坂道なんかよたよたと登るので困ったことが多い車であった。三菱もスズキもダイハツも揃って軽四輪を出したが特にユニークなホンダN三六〇の前には歯がたたなかった。ここでホンダが二輪車、軽四輪車のトップを行き、今や世界にその名を知られるにいたったのである。そのうち、「欠点」となる「横転」なる事故が相次いで、現在は一部、軽四輪に名をのこす程度になった。

そして時はすぎ、日本車は世界一安全な車だということになっている。しかし、日産、マツダはすでに外国資本の傘下にあり、国内では随一のトヨタ自動車が日本を動かす原動力になっていたが、これも中国や韓国の人件費の安さにあえいでおり、中国・韓国にも合併の会社をつくろうとあせっているようである。

63 私の今日

日本国はまだ若い国である。日本という国の事を考える若者はいるだろうか。まだ日本および日本の若者に課す課題は多い。

かつて日本は戦争に敗れ、その敗北によって目ざめた日本人は強かった。柔道、卓球などは世界一であったはず。体はやせて細くて小さい日本人は、オリンピックでは優勝しなかったが、〝フジヤマのトビウオ〟と呼ばれた水泳選手もいた。国技の相撲が盛んになり、今のように外国人の横綱などは一人とて存在しなかった。パチンコは子供の遊技なのがいつの間にか大人が独占してしまった。

歌は演歌全盛時代で今のような難解な曲はほとんどなかった。それだけ世の中は変わったと言えば変わったのかも知れない。テレビ等は、町の所々に置いてあり、白黒の映りの悪いテレビに「力道山」の勇姿が流れた。その反響はすさまじく、外国人の投げてカラテチョップを浴びせる姿に目を見開いていた。それほどまで幼稚であったのかも知れないが、柔道日本一、当時の世界一と言われていた「木村」に勝った時はどよめいた。そうしている間に天下の力道山はヤクザに刺され、それが命とりになって死という結末になる。

カラーテレビが出来た。最初は高くて目がつぶれそうだった。性能も悪く白黒の方が良いとさえ言われていた。やがて安くなり色は鮮明になり早く買った金持がなげいたりした。

敗戦後は吉田内閣、そこから今日まで何度も変わった。もうその内閣の首班の名さえ浮かばない。その内閣の中にぬきん出ていた首相がいた。ロッキード事件で有罪になり脳卒中になって刑務所に行かずじまいの田中角栄である。彼は今太閤ともてはやされ絶大な人気と期待で首相にまで登りつめて、そして悪評の下に世を去った。しかし彼の功績は何と言ってもあの日中交渉で見せた才能であろう。日本、中国の大きな橋わたしをした彼の功績をたたえて、没後、田中角栄の評価が高まりつつあり、人物像が一変している。最後に残るは娘のことだが、彼の偉かった事に比しては足もとにも及ばない。

こうして日本の夜は、まだ明けようとしない。いい事があったりなかったりの日本は確かに前に進んでいるだろう。しかし世界の情勢は四分五裂して、どちらに向いても方向は定まらない。良いとか悪いとかは別な問題、学級崩壊とか言って、義務教育が自滅状態にあるのを、教師まであきれおののいて手がつけられないのと同じである。

それでも万事何とか地球が消滅しない限り生きていく。日本人はもう日本人でない者が多くなり、日本人だという事さえ思い出せなくなっている。

私は教師をやめて早や三十余年。首になった訳でもない。私は私自身の考えで教職を去り自然な自由な生活をしたかった。

通訳、高校教諭、翻訳家、随筆家、研究家、技術評論家として、故三島由紀夫、故高木彬光、故寺内修司、故引田天功などとの話題のつきない語り合いなどについて書いたこともある。著書は数冊あるが著者名はペンネームだ（小田健三ではない）。

喫茶店、アンティークショップ、粋なナイトスポットなどいろいろと営んだ。業種を変え品を代え、いろいろな名前で呼ばれるようになった。そしてどれもが本名以上に知れわたるようになった。

その時々の時代にマッチしていた。

そうして、その絶頂の時に病魔に倒れた。脳血栓であった。右側に麻痺が出た。

二週間もの間、記憶がない。医者に「車椅子です」の宣告を受けた。七十キロあった体重が五十三キロに減っていた。それから三年しかたっていないのに私は起きて立って普通に歩いて走ってオートバイに乗って車椅子に乗らずに車に乗って走り回っている。勿論その三年間の苦労はいうまでもなく辛い辛い毎日であった。つまりは結果がものを言う。体重は五十五キロに減ってはいるが、今の年齢と体重がちょうどよい。ふとりすぎには注意している。

なお、この記録には私の教師生活十七年九ケ月をわざと省いた。それにふれれば教師を続けて全うした人に迷惑がかかると思うし、私の人生のただ一面にすぎないからだ。

世の中は移り変わるものだ。しかし遠賀川の流れは永遠に変わらない。

（了）

あとがき

私が生まれたのは小さな町で、その頃、天皇は「今生《こんじょう》」と呼ばれ、亡くなってから昭和天皇となられたのである。

今、天皇は平成時代、生まれは昭和の八年なので、天皇と同じ七〇代の私である。日本は天皇が象徴だから、天皇制は節目《ふしめ》の時代、だから天皇を否定はしない。天子と呼ばれた高貴の出だし、他国の使節にも儀礼を尽くしておられる。とにかく理屈はつべこべいわず、政治や権力に巻きこまれなく、静かに品良くおくらし下さい。

私は病気はしたが立ち直った。この半生記はすんなりと書けた。「大東亜戦争」と呼ばれていた戦争、そして敗戦の末に立ち直った日本を、そして再び日本は過去を忘れてどろ沼にはまっていくように見える。

かつての日本は、今ある国にそっくりなところがあった。このような想いは私一人ではなかろう。だから日本のかつての姿を思いおこして、書いてみた。ただ一つだけ不満なこと、そして幸いなことは、私の故郷である直方市が当時敵であったアメリカの被害をうけなかったことである。だから戦争の悲惨さは訴えられなかった。

だが当時の日本の人達の平均的生活の一面はのぞくことが出来たと思う。

私はいつも瀬戸際に立たされてきたが、いつも運良くそれを乗り越えてきた幸運な男だと思う。どんな時でも、どんな事でも、人間それぞれ瀬戸際があって、それを何とか乗り越えているからこそ、今、こうして生きているのではなかろうか。生きている限り何でも出来る。

私は、今では年をとり、髪は真っ白、皺は増え、昔をしのぶ顔ではなくなっている。だがしかし、まだまだこれからも好きなことはやるつもりである。天気のよい日はオンボロバイクで、過ぎた日を想い出したり、新しい明日を目指したりしながら走っている。

平成十五年六月

小田健三

この作品集には、差別的表現が散見しますが、作者は差別的意識を持ってこれらの文章を書いていません。むしろ作者は、歴史的事実として存在した過去の表現を用いることで、あの時代の民衆を描写し、真情と人情の機微を掬い上げることを目的としています。

そのため、あえて当時の表現のまま刊行することとしました。

(編集部)

著者プロフィール

小田 健三（おだ けんぞう）

昭和６年12月１日生まれ、福岡県直方市出身。
福岡外事専門学校（現・福岡大学）卒業。
翻訳業。

瀬戸際に生きた男

2003年７月15日　初版第１刷発行

著　者　小田 健三
発行者　瓜谷 綱延
発行所　株式会社文芸社
〒160-0022　東京都新宿区新宿１－10－１
電話　03-5369-3060（編集）
　　　03-5369-2299（販売）
振替　00190-8-728265

印刷所　東洋経済印刷株式会社

ISBN4-8355-5922-3 C0095